U0517322

本书的出版得到教育部人文社会科学青年基金"信息透明度与股价崩盘风险"项目（16YJC790037）的资助。

京师经管人文与商业伦理系列丛书

Humanities and Business Ethics Series of BNU Business School

信息披露、内部人交易与股价崩盘风险

■ 江 婕 / 著

INFORMATION DISCLOSURE,

INSIDER TRADING AND STOCK PRICE CRASH RISK

中国财经出版传媒集团

经济科学出版社

Economic Science Press

序言

今年春节刚过完，江婕和我联系，送来了她的新作《信息披露、内部人交易与股价崩盘风险》，并请我为其撰写序言。江婕曾是我的博士生，毕业后去北京师范大学任教，长期关注中国资本市场，一直围绕资产定价、风险管理等主题进行研究。中国资本市场的健康发展问题，也是我持续关注的研究领域，曾就上市公司行为、市场交易制度设计以及市场微观结构等与资本市场效率的关系问题做过一些研究。因此，我很高兴收到江婕送来的这份研究成果。在这里借作序之名，谈谈自己的一点感想。

资本市场效率一直是金融研究领域的重要问题，也是发挥市场在资源配置中决定性作用的理论基石。中国现代资本市场的历史并不长，以1990年12月上海证券交易所正式开业为起点，至今不过短短的28年。发展之路崎岖向上、波澜壮阔，历经股权分置改革、多层次证券市场建设、开放与国际化等重大事件。对中国资本市场效率的理论研究一直伴随市场的实际发展不断前行。20世纪90年代中期以来，国内学者开始应用计量经济学方法对中国证券市场的有效性进行研究，基本上遵循尤金·法玛（Eugene Fama）提出的有效市场假说，从弱式、半强式和强式三个层次进行。早期研究大多聚焦于对市场的弱式有效性进行检验，使用的方法包括序列相关性、周内效应、技术分析预测能力等。主要结论是中国证券市场的弱式有效性处于不断提高的过程中，但总体有效性水平不高。2000年以后陆续开始出现对中国证券市场半强式有效性的研究，使用的方法主要是事件研究，围绕许多重大事件（如买壳上市、年报炒作、股票拆分、证监会处罚公告发布等）对中国股市的有效性进行研究。基本结论是中国证券市场尚未达到半强式有效。

进入21世纪以来，尤其是2007～2009年的全球金融危机发生之后，系统性风险成为金融体系监管的重点。中国资本市场虽然风险事件频发，但真正能称为"系统性风险"的并不多。2015 年的股灾算是较为典型的一次。面对市场剧烈波动，政府和监管部门采取了多项救市措施。崩盘风险成为监管者、投资者和研究者共同关心的话题。从广义上看，股价崩盘风险仍然属于资本市场效率研究领域。以往资本市场效率的研究视角往往聚焦于资产价格本身（水平值）、价格的一阶变动（收益率）或者价格的二阶变动（波动率），而崩盘风险是围绕价格的三阶变动（负偏程度）开展的。这为资本市场效率的研究打开了新视角。

我们需要借助于更具洞察力的理论模型、更全面的样本数据和更先进的分析工具，从股价崩盘风险视角对资本市场效率加以判断和理解。在看到本书的题目后，我脑海中不由浮现出两类问题。第一，信息披露是否会有效降低股价崩盘风险？围绕这一问题，可能的疑惑还包括不同类型的信息披露扮演的角色是否会有差异？信息披露的评价指标是否会影响判断结果？第二，内部人交易行为不同于文字信息披露，是另一种形式的信息披露，它会反映"增量"有效信息吗？

看完本书后，我认为这两类问题都有了很好的解答。对于第一个问题，本书首先对基于信息透明度和委托—代理问题以及基于外部投资者异质信念的两类股价崩盘风险理论模型进行了推演，得出了信息不透明度会提高股价崩盘风险的理论预测；其次以 2001～2017 年的中国 A 股上市公司作为样本对信息披露和股价崩盘风险进行了实证测算与统计、回归分析。根据本书的结果，近 17 年来，中国 A 股上市公司的总体信息不透明度呈缓慢下降趋势，个股信息不透明度与未来股价崩盘风险之间的正相关性非常显著和稳健；而且作者对二者之间是否可能存在非线性关系也进行了排查和检验，结果表明并未探测到非线性关系的明显证据。这些结果说明降低个股信息不透明度仍是我国资本市场目前阶段的监管方向，是可以降低个股崩盘风险的行之有效的手段。企业社会责任报告这一类重要的非财务信息披露与未来股价崩盘风险之间的关系并不稳健，依赖于社会责任评价体系。对于不易量化、可比性低的非财务信息，其评价方式的科学性有待进一步提高。对于监管部门而言，在国际标准基础上引导建立有效的、适应中国国情的非财务信息本土版评价标准体系也是一项迫切任务。

对于第二个问题，相比于文字披露而言，内部人交易的行为信息披露确实提供了"增量"有效信息，内部人交易会显著增加未来股价崩盘风险，而且这一正相关关系主要集中在内部人净卖出样本中，但在内部人净买入样本中并不明显。进一步的，本书对内部人交易与未来股价崩盘风险之间的传导路径进行了检验，主要集中在投资者情绪这一路径上。结果表明，内部人交易与未来股价崩盘风险之间的关系并非通过投资者情绪路径进行传导，间接证明了内部人交易揭示的是原来隐藏的有效信息，而非噪音信息。如果能够对有效信息传导路径进行直接检验，这一结果将更有说服力。当然，这可能涉及合适的有效信息代理变量选取等困难。

　　本书的特色非常明显。首先，研究视角全面，对信息披露的探讨不仅包括常规的财务信息披露，还包括企业社会责任等非财务信息披露、内部人交易等行为信息披露，有助于更全面地认识信息披露与股价崩盘风险的规律性关系；其次，实证研究扎实充分，计量方法等手段使用纯熟，能够对理论模型的预测进行科学的检验；最后，研究结果的解释、分析与讨论比较深入，为股价崩盘风险影响因素及其经济后果研究领域的思路拓展提供了参考。

　　仅以此序，表达我对江婕研究成果的祝贺。希望未来能看到更多青年学者的优秀成果，看到中国金融学研究不断进步的前景。

宋逢明

2019 年 3 月

目 录
CONTENTS

第1章

崩盘风险：概念与理论框架

崩盘（crash）也称暴跌、崩溃，指的是市场指数或者个股价格的突然大幅度下降。例如，1929 年 10 月美国股市在毫无征兆的情况下突然崩盘，道琼斯工业指数连续两个交易日的跌幅分别为 12.8% 和 11.7%，从 1929 年 9 月到 1932 年大萧条的谷底，道琼斯工业指数缩水 90%。这次股灾彻底打击了投资者的信心，一直到 1954 年，美国股市才恢复到 1929 年的水平。① 1987 年 10 月 19 日，美国股市突然崩盘，当天道琼斯工业指数跌幅达 22.6%，创下 1941 年以来单日跌幅最高纪录。其他指数如 NYSE 综合指数当天下跌 19.25%，AMEX 综合指数下跌 12.7%，NASDAQ 综合指数下跌 11.35%。价值 5030 亿美元的股票面值在一天之内化为乌有，相当于美国全年国内生产总值的 1/8。② 在东南亚金融危机期间，1997 年 7 月至 1998 年 1 月，仅半年时间东南亚国家和地区的股市跌幅达 30% ~60%。③ 股市和汇市的双重打击，使东南亚国家和地区出现了严重的经济衰退。1989 年 12 月，日本股市泡沫达到顶点，旋即暴跌。到 1992 年 8 月，日经平均股指相比于最高峰期下降 63%。④ 这次股灾重创了日本经济，使日本经济陷入了近十年的经济增长停滞。2000 ~2001 年，美国互联网泡沫破灭，从

①③ 本刊编辑部：《盘点那些年令我们胆战心惊的股灾》，载于《中国总会计师》2015 年第 7 期。

② 马也：《崩盘启示录：1929 及 1987 年经济危机大复盘》，http：//business. sohu. com/a/223454686_ 313170？qq － pf － to = pcqq. group。

④ 张建军、胡洪伟：《全球历次重大股灾对我国的启示》，载于《南方金融》2015 年第 11 期。

2000 年 3 月到 2002 年 10 月，美国纳斯达克指数下跌 78.4%，道琼斯工业指数下跌 38.7%，标普 500 下跌 50.5%。[①] 随后 5 年新经济迎来了漫长的冬天。最近一次的美国股灾发生于 2008 年，2007 年 11 月到 2009 年 3 月，道琼斯工业指数下跌 54.4%，纳斯达克指数下跌 55.8%，标普 500 指数下跌 57.7%，[②] 并由此引发了全球性的金融危机。

与欧美发达资本市场相比，中国股票市场的过热与崩盘现象更加频繁。自 1990 年沪深证券交易所建立至今，中国股票市场经历了多轮暴涨暴跌，个股大涨大跌更是司空见惯。2015 年 A 股市场的崩盘较为典型。2015 年 6 月至 8 月，A 股市场异常波动，市场指数大幅下跌。自 2015 年 6 月 12 日上证综指触及 5178.79 点后，53 个交易日累计下跌 45%，其中累计 11 个交易日出现"千股跌停"[③]，市场最差的时候 45% 股票停牌。股价暴跌引起的股市崩盘风险（stock market crash risk）不仅会摧毁金融市场信心、危害资本市场的健康运行和发展、影响国家金融稳定，而且会引起资源错配，危害实体经济运行，甚至引发经济危机。

2017 年召开的第五次全国金融会议提出，防止发生系统性金融风险是金融工作的永恒主题。要想主动防范化解系统性金融风险，早识别、早预警、早发现、早处置，必须对系统性金融风险的规律有深入认识。深入研究股价崩盘风险，很有必要。

1.1 崩盘：特征与理论框架

股市崩盘（stock market crash）通常具有三个特性：（1）无信息性，即在没有任何对应的重大公开新闻事件发生的情况下，股价突然出现了大幅变动；（2）非对称性，通常来说，前述股价的大幅变动是下跌而非上涨；（3）传染性，即股市崩盘并非仅单只股票价格的突然大幅下跌，而是

---

①② 李超、刘天天：《千帆过尽，美股已过万重山——美国 1987 年、2000 年、2008 年三次股灾启示》，华泰证券研究报告，2018 年 11 月 22 日发布。

③ 黄瑜琴、王朝阳、崔相励：《管控股指期货的救市政策有效吗？——基于现货市场波动率的视角》，载于《国际金融研究》2018 年第 9 期。

整个市场股票高度相关的下跌。

这三个特性有很多经验证据支持。第一个特性，股价大幅变动的无信息性。库尔特、波特巴和萨默斯（Culter，Poterba and Summers，1989）发现，"二战"之后 S&P500 指数的许多大幅变化（其中最著名的是1987年的股灾），并没有伴随任何戏剧性新闻事件的发生。罗尔（Roll，1988）、弗兰奇和罗尔（French and Roll，1986）也用各种方法证明了很难用确切的公开信息解释资产价格的大幅变动。

第二个特征，股价变动的非对称性。一个比较直观的验证方法是直接观测历史收益率数据。据陈、洪和斯坦恩（Chen，Hong and Stein，2001）统计，1947年以来，S&P500 指数单日变动幅度最高的前十名中，九个是下跌，其中唯一的一次上涨（1987年10月21日，上涨9.10%）是紧随1987年10月19日大幅下跌20.47%之后的反弹，更偏向显示当时混乱的市场微观结构的扭曲，而非独立自主的价格变动。[①] 大量文献也表明，股票收益率呈现负偏特性，或者说是"非对称波动性"，即相比于正收益情况而言，负收益情况下的波动率更高。

第三个特征，股价下跌的传染性。达菲（Duffee，1995）曾发现在下跌市场情形中，单个股票收益率的相关性陡然提高。这一结果也被期权市场的价格数据所支持。凯利（Kelly，1994）也曾发现美国股指期权表现出高波动率，然而此时单个股票期权并没有表现出高波动率。一个解释是市场预期在修正时，相关性将提高。

什么原因导致股市崩盘并使其呈现以上三个普遍特性呢？完全信息理性预期均衡分析框架下建立的一些模型，如波动率反馈模型（volatility feedback model），可以解释股票价格变化的非对称特性，但无法解释股市崩盘的无信息性和传染性。自20世纪90年代以来，对股市崩盘风险的理论研究主要从以下两个维度展开：一是基于不完全信息的理性预期均衡框架；二是基于投资者情绪和异质信念的行为金融学框架。

基于不完全信息的理性预期均衡框架对股市崩盘现象的研究，关键假

---

① Chen, J., Hong, H., Stein, J. C., "Forecasting crashes: trading volume, past returns, and conditional skewness in stock prices", *Journal of Financial Economics*, Vol. 61 No. 3, 2001, pp. 345 – 381.

1.2 基于信息透明度和委托—代理问题的股价崩盘 风险模型

金融学家长期以来一直将股价变动与新信息的到达相联系。自罗尔（Roll，1988）开始，大量文献开始使用股价同步性的度量指标（R^2）作为股价信息含量的度量。默克、杨和于（Morck，Yeung and Yu，2000）发现人均GDP较低和金融体系较不发达国家的市场平均 R^2 更高，他们提出这是由于这些国家对投资者权益的保护不力。金和迈尔斯（Jin and Myers，2006）则提出高 R^2 是由信息不透明和内部管理者攫取公司现金流的行为导致的，有限信息和投资者保护不力加剧了内部管理者攫取企业现金流的行为，这一行为同时伴随着内部人对公司特质性方差的吸收，从而导致 R^2 较高。

如果公司内部人和外部投资者之间没有信息不对称，即信息是透明的，即使投资者权益保护很糟糕，也不会对 R^2 造成影响。考虑以下一个简单例子：由于投资者权益保护制度很糟糕，公司内部管理者可以攫取公司一半的现金流。外部投资者能够完全了解公司的现金流（完全透明），但是没有能力阻止内部人的攫取行为，则公司股票的市值将为预期内在价值的一半。如果公司现金流发生未预期的变动，股票市值也会相应发生变动，但仅为内在价值变动幅度的一半。股票市值变动的比例不受内部管理者攫取行为的影响，这样，股价收益率的方差将维持不变。公司特质性信息风险会有一半对外部投资者的收益产生影响；同理，市场或宏观信息风险也会有一半对外部投资者的收益产生影响。这样，公司特质性波动与市场波动之间的比例并不受内部人攫取的影响，换言之，R^2 不受影响。

但如果公司内部管理者和外部投资者之间存在信息不对称（信息并非完全透明），上述分析将发生变化。假定外部投资者可以观察到所有的市场信息，但只能观察到部分公司特质性信息。平均而言，内部人仍将攫取一半现金流，但是如果隐藏的公司特质信息为好消息（坏消息）时，他会攫取得更多（更少）。信息的不透明使内部人承担了一部分公司特质性风险。外部投资者承担所有的市场风险，但只承担一部分公司特质性风险，信息不透明导致 R^2 提高。可见，R^2 提高并非由投资者权益保护较差导致，而是由信息不透明导致的。

企业信息不透明度越高，在给定时间内，隐藏的公司特质性坏消息就越多，而内部人愿意承担的坏消息是有上限的。如果公司特质性坏消息越积越多，内部人将放弃隐藏，导致坏消息一次性释放。内部人的放弃行为意味着收益分布会出现一个很大的负的异常值（outlier）。因此，信息不透明越低的企业，股票价格更容易崩盘。

即使投资者权益受到完全保护，但是只要企业有不透明性，R^2 仍然会受影响，并且不透明度越高，R^2 越高。由于投资者权益受到完全保护，只要投资者知道现金流或企业价值的相关信息，就可以无成本的完全行使财产权，即投资者可以收到他们知道的每一分钱。然而，只要企业具有不透明性，内部人仍然能够攫取不为投资者所知的、未预期的现金流变动。这样内部人还是承担了部分公司特质性风险，导致 R^2 提高。

1.2.1 信息透明下的股利支付基本模型

为分析方便起见，假定企业只有一种经营性资产，且不考虑折旧和再投资问题。定义 K_t 为 t 时点的企业内在价值，等于所有未来经营现金流的现值，贴现率为资本成本 r。I_t 为 t 时点的信息集。

$$K_t(I_t) = PV\{E(C_{t+1} \mid I_t), E(C_{t+2} \mid I_t), \cdots; r\} \qquad (1.1)$$

如果未来现金流 C_t 和企业价值 K_t 被看作是确定性等价值，则 r 为无风险利率。$C = mrK$。其中，$m > 1$ 以反映内部人人力资源为企业带来的价值增值。企业的 NPV 完全由内部人贡献，$NPV = \frac{mrK}{r} - K = (m-1)K$。如果内部人离开，$NPV$ 也随之消失，外部投资者只能收回经营性资产 K。现金流 C 是扣除所有成本（包括内部人薪酬）之后的净现金流。

假定内部人自己只有资本 I，需要从外部投资者筹资 $K - I$。内部人 t 时期攫取的现金流为 Z_t，剩余现金流 $Y_t = C_t - Z_t$，作为红利支付给外部投资者。如果外部投资者持股比例为 x，则他们获得 xY_t，内部人股权获得

$(1-x)$ Y_t。

对公司制企业，提出以下四个假设：

假设1：内部管理者和外部投资者之间签订多期序列合约。每一期内部管理者决定股利支付，外部股权投资者收到股利后决定是否采取集体行动、接管企业并更换内部管理者；

假设2：外部投资者接管企业后的价值为 $\alpha x K$。由于外部投资者采取集体行动（如投票）更换内部管理者需要花费成本，故 $\alpha < 1$。

假设3：外部股权投资者有多数投票权。如果外部投资者股权为少数，而且内部人可以攫取现金流，则外部股权将毫无价值。

假设4：企业永续存在。为分析方便，假定一个永续存在的、无折旧的资产，初始值为 K_0。

企业的经营性资产是可核实的，故内部人无法攫取资产；但现金流是难以核实的，故内部人能够攫取现金流。内部人希望尽可能多的攫取现金流 Z，上限是进一步地攫取将威胁到内部人对企业的持续经营管理，从而影响到下一期的现金流攫取。任何没有被攫取的现金流将作为红利 Y 支付给外部投资者。

外部投资者接管企业的能力决定了股权的市场价值。外部投资者接管企业后获得的价值为 αK_t (I_t)，如果预期收到的未来红利现值超过此值，他们将不会开展接管行动；否则将进行接管。

内部人每一期面临如下两种选择：（1）在外部人已知信息的条件下支付最低红利，以满足外部投资者，阻止企业被接管；（2）攫取所有的当期现金流，触发外部投资者的集体行动，企业被外部投资者接管。第二种选择相当于内部人执行了对企业的放弃期权。

为了阻止企业被外部投资者接管，内部管理者必须支付的最低红利 Y 是多少呢？如果信息是透明的，即外部投资者知道所有信息，知道经营性资产的价值为 K_t (I_t)，则最低红利为：

$$Y = r\alpha K_t(I_t) \tag{1.2}$$

证明过程如下：

令 V^{ex} 为分红后所有股权的现值。对每一期，如果股利支付发生后，外部投资者预测分红后的企业价值 V^{ex} 低于 αK，则他们将实施接管并获得

αK。故每一期外部投资者愿意让内部人继续经营的条件如下：

$$xV^{ex} \geqslant x\alpha K \qquad (1.3)$$

由于永续现金流 $r\alpha K$ 的现值为 $\frac{r\alpha K}{r} = \alpha K$。故只有当外部股权投资者相信每一期 t，内部人都将支付股利 $r\alpha K$，公司才会持续在现有管理者的控制下经营。此时股利现金流的现值与外部股权投资者接管企业后获得价值相等，外部股权投资者不会开展接管行动。

内部管理者必须使得每一期的股利支付都满足式（1.3），故 t 期分红后的企业价值为：

$$V_t^{ex} = \frac{E_t(Y_{t+1}) + V_{t+1}^{ex}}{1+r} = \frac{E_t(Y_{t+1}) + \alpha K}{1+r} \qquad (1.4)$$

此时均衡的关键点是当期股利 Y_t 与下一期股利的预期 $E(Y_{t+1})$ 之间的联系。假定企业支付 $Y_t = r\alpha K$，则 $E(Y_{t+1}) = r\alpha K$，内部管理者能够持续经营企业。如果企业支付股利 $Y_t < r\alpha K$，则外部投资者预期未来股利支付也将不足，会立即实施接管。

内部人每一期都必须支付最低股利 Y，则企业价值为永续现金流的现值，即 $V_t^{ex} = \frac{Y}{r}$。由于 $Y = r\alpha K$，故企业价值：

$$V_t^{ex} = \frac{Y}{r} = \alpha K \qquad (1.5)$$

注意，此时 x 不再出现，即外部投资者持股比例并不影响内部人的现金流攫取行为，也不影响企业估值。

1.2.2 信息部分透明下外部投资者对现金流和公司价值的估计

假定企业是部分透明的，外部投资者不能完全观察到企业的真正价值。如果有外部投资者未观察到的好消息（坏消息），内部人可以攫取的现金流将比完全透明时的更多（更少）。

外部投资者收到的是宏观消息和公司特质性消息的集合，二者可以完全分离。假定投资者可以观察到所有的宏观消息，但只能观察到部分公司特质性消息。投资者根据他所知道的信息对缺失的公司特质性信息进行估计。

假定企业现金流产生过程为：

$$C_t = K_0 X_t \tag{1.6}$$

其中，K_0 为初始投资，X_t 代表现金流过程面临的随机冲击。X_t 为以下三个独立冲击的总和：

$$X_t = f_t + \theta_{1,t} + \theta_{2,t} \tag{1.7}$$

其中，f_t 代表未预期的市场（宏观）因子，对所有企业都产生影响，并且为所有人得知；$\theta_{1,t}$ 和 $\theta_{2,t}$ 代表公司特质性因子，内部人能够同时观测到 $\theta_{1,t}$ 和 $\theta_{2,t}$，但外部投资者仅能观测到 $\theta_{1,t}$。$\theta_{1,t}$ 和 $\theta_{2,t}$ 之间独立，故观测到其中一个并不能推断另一个的信息。

假定 f_t、$\theta_{1,t}$ 和 $\theta_{2,t}$ 为平稳 AR（1）过程：

$$f_{t+1} = f_0 + \varphi f_t + \varepsilon_{t+1} \tag{1.8}$$

$$\theta_{1,t+1} = \theta_{1,0} + \varphi \theta_{1,t} + \xi_{1,t+1} \tag{1.9}$$

$$\theta_{2,t+1} = \theta_{2,0} + \varphi \theta_{2,t} + \xi_{2,t+1} \tag{1.10}$$

其中，$0 < \varphi < 1$。

以上假设意味着 X_t 的分布也服从平稳 AR（1）过程：

$$X_{t+1} = X_0 + \varphi X_t + \lambda_{t+1} \tag{1.11}$$

其中，$X_0 = f_0 + \theta_{1,0} + \theta_{2,0}$，$\lambda_t = \varepsilon_t + \xi_{1,t} + \xi_{2,t}$。

定义 κ 为公司特质性方差与市场方差之比：

$$\kappa = \frac{Var(\theta_{1,t} + \theta_{2,t})}{Var(f_t)} \tag{1.12}$$

定义 η 为公司透明度，即 $\theta_{1,t}$ 的方差和全部公司特质性方差之比：

$$\eta = \frac{Var(\theta_{1,t})}{Var(\theta_{1,t} + \theta_{2,t})} = \frac{Var(\theta_{1,t})}{Var(\theta_{1,t}) + Var(\theta_{2,t})} \tag{1.13}$$

如果 $\eta = 1$，意味着公司完全透明；$\eta = 0$，意味着公司完全不透明。

如图 1 – 1 所示，在时点 t，内部人能够观测到现金流 C_t 以及所有的冲击 f_t、$\theta_{1,t}$ 和 $\theta_{2,t}$，并决定支付红利 Y_t。外部投资者只能观测到 f_t、$\theta_{1,t}$ 以及红利 Y_t。外部投资者用他们所能得到的信息来更新对 C_t 和 K_t 的估计，并决定是否接管企业。如果外部投资者决定不接管，则在 $t+1$ 时期继续这一过程。

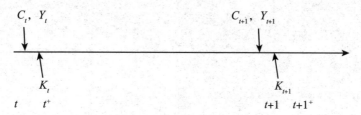

图 1 - 1 模型时间轴

外部投资者对现金流 C_t 和企业价值 K_t 的无条件期望为：

$$E(C_t) = \frac{K_0 X_0}{1 - \varphi} \qquad (1.14)$$

$$E(K_t) = \frac{1}{r} \frac{K_0 X_0}{1 - \varphi} \qquad (1.15)$$

外部投资者基于 f_t 和 $\theta_{1,t}$ 的信息下，对现金流 C_t 的条件期望为：

$$E(C_{t+1} \mid C_t) = K_0 X_0 + \varphi C_t = C_0 + \varphi C_t \qquad (1.16)$$

$$E(K_{t+1} \mid K_t) = \frac{1}{r} K_0 X_0 + \varphi K_t \qquad (1.17)$$

证明如下：

由式（1.6）及式（1.11）可知：

$$C_{t+1} = K_0 X_{t+1} = K_0 (X_0 + \varphi X_t + \lambda_{t+1}) = K_0 X_0 + \varphi C_t + K_0 \lambda_{t+1} \qquad (1.18)$$

将其迭代 K 次可得：

$$
\begin{aligned}
E(C_{t+1} \mid C_t) &= E\left[K_0 (X_0 + \varphi X_{t+k-1} + \lambda_{t+k-1}) \right] \\
&= \sum_{i=0}^{k-1} K_0 X_0 \varphi^i + \varphi^k K_0 X_t \\
&= K_0 X_0 \frac{1 - \varphi^k}{1 - \varphi} + \varphi^k C_t \qquad (1.19)
\end{aligned}
$$

将上述结果与式（1.1）结合，可以得到基于 C_t 的 K_t 函数形式：

$$
\begin{aligned}
K_t(C_t) &= PV\left\{ E(C_{t+1} \mid C_t), E(C_{t+2} \mid C_t), \cdots; r \right\} \\
&= \sum_{j=1}^{+\infty} \frac{K_0 X_0 (1 - \varphi^j)/(1 - \varphi) + \varphi^j C_t}{(1 + r)^j} \\
&= \frac{1}{r} \frac{K_0 X_0}{1 - \varphi} + \frac{\varphi}{1 + r - \varphi}\left(-\frac{K_0 X_0}{1 - \varphi} + C_t \right) \qquad (1.20)
\end{aligned}
$$

将现金流 C_t 的无条件期望代入，可以得到企业价值 K_t 的无条件期望：

$$E(K_t) = \frac{1}{r} \frac{K_0 X_0}{1 - \varphi} = \frac{1}{r} E(C_t) \qquad (1.21)$$

式（1.21）也表明企业价值 K_t 是现金流 C_t 的线性函数，即：

$$K_t(C_t) = a + bC_t \qquad (1.22)$$

其中：

$$a = \frac{K_0 X_0}{1-\varphi}\left(\frac{1}{r} - \frac{\varphi}{1+r-\varphi}\right) \quad b = \frac{\varphi}{1+r-\varphi}$$

因此：

$$
\begin{aligned}
E(K_{t+1} \mid C_t) &= E(a + bC_{t+1} \mid C_t) \\
&= a + bE(C_{t+1} \mid C_t) \\
&= a + b(K_0 X_0 + \varphi C_t) \\
&= a + bK_0 X_0 + b\varphi C_t
\end{aligned} \qquad (1.23)
$$

这证实了：

$$a(1-\varphi) + bK_0 X_0 = \frac{1}{r}K_0 X_0 \qquad (1.24)$$

由式（1.20）可知，K_t 和 C_t 之间存在一一对应关系，故：

$$
\begin{aligned}
E(K_{t+1} \mid K_t) &= E(K_{t+1} \mid C_t) \\
&= a + bK_0 X_0 + b\varphi \frac{K_t - a}{b} \\
&= a(1-\varphi) + bK_0 X_0 + \varphi K_t \\
&= \frac{1}{r}K_0 X_0 + \varphi K_t
\end{aligned} \qquad (1.25)
$$

式（1.25）意味着，K_t 服从参数为 φ 的 AR（1）过程。

外部投资者基于 f_t 和 $\theta_{1,t}$ 的信息下，对企业价值 K_t 的条件期望为：

$$
\begin{aligned}
E(K_t \mid f_t, \theta_{1,t}) &= \frac{1}{r}\frac{K_0 X_0}{1-\varphi} - \frac{\varphi}{1+r-\varphi}\frac{K_0 X_0}{1-\varphi} + \frac{\varphi}{1+r-\varphi}K_0\left(f_t + \theta_{1,t} + \frac{\theta_{2,0}}{1-\varphi}\right) \\
&= \frac{1}{r}\frac{K_0 X_0}{1-\varphi} + \frac{\varphi}{1+r-\varphi}\left[K_0\left(f_t + \theta_{1,t} + \frac{\theta_{2,0}}{1-\varphi}\right) - \frac{K_0 X_0}{1-\varphi}\right]
\end{aligned}
$$

$$(1.26)$$

从直观意义上理解式（1.26），即外部投资者对于企业价值 K_t 的条件期望相当于无条件期望加上修正项。修正项的含义为基于观测到 f_t 和 $\theta_{1,t}$、对 X_t 的条件期望以及对 X_t 的无条件期望之差。

1.2.3　信息部分透明下的均衡股利政策

定义 V^{ex} 为分红后，基于 f_t 和 $\theta_{1,t}$ 信息的企业市值预期，有：

$$V^{ex}(f_t, \theta_{1,t}) = \frac{E(Y_{t+1} \mid f_t, \theta_{1,t}) + E(V^{ex}_{t+1} \mid f_t, \theta_{1,t})}{1+r} \qquad (1.27)$$

其中，Y_{t+1} 为 $t+1$ 期支付的红利。

外部投资者不对企业实施接管的最低要求，是分红后的企业市值至少等于企业清算价值的预期，即：

$$V^{ex}_t = E(\alpha K_t \mid f_t, \theta_{1,t}) \qquad (1.28)$$

均衡股利支付为外部投资者对现金流条件期望的某个常数比例：

$$Y^*_t = \alpha E(C_t \mid f_t, \theta_{1,t}) \qquad (1.29)$$

内部人攫取的现金流等于所有现金流减去支付的红利：

$$Z_t = C_t - Y_t = C_t - \alpha E(C_t \mid f_t, \theta_{1,t}) \qquad (1.30)$$

其中，C_t 为企业实际发生的现金流，并非外部投资者的条件期望。当隐藏的公司特质性消息为坏消息时，内部管理者必须弥补公司实际表现与外部投资者预期之间的差额。则 Z_t 可能很小，甚至为负值。如果 Z_t 为负值，内部人必须削减平时的薪酬或者利用其他渠道融资。当然，如果隐藏的坏消息足够大，内部人可能会放弃企业，留给外部投资者。

1.2.4　市场同步性波动 R^2

定义 $\tilde{r}_{i,t+1}$ 为 $t+1$ 时期实现的收益：

$$\tilde{r}_{i,t+1} = \frac{V^{ex}_{t+1}(f_{t+1}, \theta_{1,t+1}) + Y_{t+1}(f_{t+1}, \theta_{1,t+1})}{V^{ex}_t(f_t, \theta_{1,t})} - 1 \qquad (1.31)$$

收益过程满足：

$$\tilde{r}_{i,t+1} = r + \frac{(1+r)(\tilde{\varepsilon}_{t+1} + \tilde{\xi}_{t+1})}{X_0(1+r)/r + \varphi(f_t + \theta_{1,t})} \qquad (1.32)$$

市场组合的收益相当于没有公司特质性风险的股票收益，故：

$$\tilde{r}_{m,t+1} = r + \frac{(1+r)(\tilde{\varepsilon}_{t+1})}{X_0(1+r)/r + \varphi f_t} \tag{1.33}$$

基于 f_t 和 $\theta_{1,t}$ 的信息，能够被市场因素解释的方差比例为：

$$R^2 = \frac{Var(\tilde{\varepsilon}_{t+1})}{Var(\tilde{\varepsilon}_{t+1}) + Var(\tilde{\xi}_{t+1})} = \frac{1}{\kappa\eta + 1} \tag{1.34}$$

由公式（1.26）可以看出，公司特质性现金流风险相对于市场风险（κ）越低，以及可观测的公司特质性风险（η）越低，都会导致 R^2 越高。

注意，此时在 $\tilde{r}_t$ 和 R^2 的表达式中，α 都不再出现。尽管 α 会影响分配给外部投资者的现金流比例，从而影响股价，但是不影响股价的变动比例（即收益率）。在投资者权益保护较差的国家和地区，预期 α 会更低，但仅用这一个因素难以解释这些地区的高 R^2。根据上述模型，R^2 由公司特质性信息中可观测与不可观测部分之比（即透明度）来决定。

1.2.5 市场同步性波动 R^2 与股价崩盘风险

对公司内部管理者而言，隐藏好消息比隐藏坏消息的成本要低得多。如果是好消息，内部人可以将外部投资者没有看见的多余现金流攫取进自己的口袋；而如果是坏消息，内部人必须承担一定的成本将其隐藏，以换取对企业的继续控制和经营。如果内部人必须要吸收长期积累的公司特质性坏消息，他们可能会执行放弃期权，让他们从隐藏和承担累积的公司特质性坏消息中解放出来。

这里，放弃期权有三层含义。（1）内部管理者可以离开，将企业留给外部股东或债权人。例如，内部人可以拒绝支付任何股利，触发外部投资者的集体行动，发生接管行为。（2）内部管理者继续留在企业，但是要将企业信息完全向外部投资者公开，并使外部投资者确信坏消息是真实的，内部管理者为此承担各种成本（如审计费用、管理层降薪等）。（3）令外部投资者忽略坏业绩表现的成本如此之高，以至于内部人无法阻止累积坏消息的公布。

内部人执行放弃期权，意味着累积坏消息的突然集中释放，也意味着股价崩盘。此时可以预期公司特质性收益出现很大的负向异常值（outlier）。

在信息透明度越低的国家和地区，可以预期公司特质性收益分布呈现的负偏程度越高。本书将在后续第 2 章、第 3 章、第 4 章对此模型的预测进行多维度的实证检验。

1.3 基于投资者异质信念的股价崩盘风险模型

在基于信息透明度和委托—代理问题的股价崩盘风险模型中，外部投资者被抽象为同质的代表性经济人。随着行为金融学理论的进展，人们对投资者的异质性有了更深入的认识。由于投资者的异质性，一部分交易者（如悲观交易者）的信息在受到市场机制约束（如卖空限制）时无法及时释放而被隐瞒起来，造成信息层叠（市场中拥有与当前价格不一致的隐藏私人信息的交易者）和坏信息的累积。但风险中性的理性交易者在市场中并没有足够强大的力量总是维持市场效率，噪音交易者有时甚至是在很长一段时间内占据主导地位。当出现小的触发事件时，信息层叠被打破，坏消息突然集中释放造成了个股股价崩盘。这类模型中，洪和斯坦恩（2003）提出的模型具有典型代表性。它首次同时成功解释了股价崩盘的三大特性：无信息性、非对称性和传染性，为后续若干基于异质信念构建的股价崩盘风险模型提供了基础。

1.3.1 模型设定

1. 时期和信息结构设定

假定有 4 个时点（3 个时期）：$t = 0$、1、2、3。假定只有一只股票，在最终时点（$t = 3$）支付收益 D。

交易者有三类：投资者 A、投资者 B，以及一群竞争性的、风险中性套利者 N。投资者 A 和投资者 B 受到卖空约束，而风险中性套利者 N 不受此约束。此处卖空约束并非关键假设，本质上的关键假设是部分投资者有重要信息受到显示约束。

假定投资者 A 和投资者 B 分别得到关于最终支付 D 的一些私有信息信号，

为分析方便，假定在 $t=1$ 时点投资者 B 得到估值信号 S_B，在 $t=2$ 时点投资者 A 得到估值信号 S_A。假定二者是等信息含量的，即最终支付 D 如下所示：

$$D = \frac{S_A + S_B}{2} + \varepsilon \qquad (1.35)$$

其中，ε 服从标准正态分布 $N(0,1)$。

事前来看，S_A 和 S_B 为服从某种分布的独立随机变量。但在 $t=1$ 时点，投资者 B 将获得 S_B 取值的确切信号；到 $t=2$ 时点，投资者 A 将获得 S_A 取值的确切信号。投资者 A 和投资者 B 为有限理性，仅相信自己获得的私有信息信号。这一行为偏差也可看作是某种程度的过度自信，导致了模型中不同类型投资者对股票估值的差异，形成了异质信念。

假定在 t（$t=1,2$）时点，股票价格为 p_t。对于投资者 A，估值信号于 $t=2$ 时点才获得，故其对于股票的需求 $Q_A(p_2)$ 为：

$$Q_A(p_2) = \max[S_A - p_2, 0] \qquad (1.36)$$

即如果投资者 A 得到的估值信号 $S_A < p_2$，则由于卖空限制，投资者 A 对股票将没有购买需求；如果估值信号 $S_A > p_2$，投资者 A 对股票有购买需求，购买数量随股票价格提高而减少。这里 p_2 代表拍卖过程中的试行价格，该价格不断变动。P_1 和 P_2 分别代表 $t=1$ 和 $t=2$ 时点实现的市场均衡价格。

类似地，可以分析投资者 B 对于股票的需求。对于投资者 B，估值信号于 $t=1$ 时点即获得，故其对股票的需求 $Q_B(p_t)$ 如下：

$$Q_B(p_t) = \max[S_B - p_t, 0] \qquad (1.37)$$

为分析方便，假定 S_A 和 S_B 均服从均匀分布（如果假定服从其他分布，不影响结论，但推导过程会较为复杂）。在 $t=1$ 时点实现具体取值之前，假定 S_B 服从 $[0, 2V]$ 上的均匀分布；在 $t=2$ 时点实现具体取值之前，S_A 服从 $[H, 2V+H]$ 上的独立均匀分布。

基于上述均匀分布假设，可以推断出在 $t=0$ 时点对 S_B 的理性预期为 $E_0[S_B]=V$。在 $t=0$ 和 $t=1$ 时点，对 S_A 的理性预期为 $E_0[S_A]=E_1[S_A]=V+H$。

由均匀分布的统计特性可知，V 既是投资者 B 对股票的估值预期，也是估值信号的方差；H 可以看作是投资者 A 和投资者 B 对股票估值的差异。不失一般性，可假定 $0 \leq H \leq 2V$，这意味着投资者 B 更为悲观，估值预期比投资者 A 要低 H。

2. 价格设定机制

由于风险中性套利者 N 存在，不失一般性，可假设股票的净供给为零。因此，在 $t = 0$ 时点，在投资者 A 和投资者 B 收到私有估值信号之前，套利者 N 对股票最终支付 D 的事前预期为：

$$P_0 = V + \frac{H}{2} \qquad (1.38)$$

假定投资者 A 和投资者 B、套利者 N 与一位拍卖者一起位于某个集中的交易场所，由拍卖者试行报价 p_t，每位参与者根据拍卖报价报出自己的需求。由于存在卖空约束，投资者 A 和投资者 B 只有在对股票的需求为正时，才会提交委托单，否则他们将保持沉默；套利者 N 不受卖空约束，故其对股票的需求不论为正或负，都能提交委托单。假设套利者 N 可以观测到投资者 A 和投资者 B 提交的购买需求（这一假设非常关键）。

拍卖者遵循一个简单的报价机制（该机制可通过电脑程序完成），即从一个"非常高"的试行报价（如 $2V + H$）开始，该报价高于所有参与者的可能估值，故此时对股票的超额需求为负。然后拍卖者逐渐降低报价，调价规则是只要超额需求为负，就继续降低报价；反之，如果在某一报价上超额需求为正，则改为提高报价。这一过程一直持续到市场出清为止——此时，股票超额需求为零。

这一价格设定机制并非过于理想化。其实，主要股票市场（纽约股票交易所、巴黎证券交易所、多伦多证券交易所、上海证券交易所、深圳证券交易所等）的开盘集合竞价机制，与上述价格设定机制有诸多类似之处。

上述拍卖机制为每一时点确定唯一的市场均衡价格提供了一个简单的方法，它具有如下特点：在任一时点，如果某个投资者对于股票有更高估值的信号，则他将购买股票，他的私人信息将在价格中得以完全反映；反之，拥有较低估值信号私人信息的投资者，在均衡时对股票的需求为 0，即不持有股票，他的私人信息在拍卖过程中可能会得以反映，也可能被隐藏。

3. 完全理性预期下的均衡价格过程

如果投资者 A 和投资者 B 是完全理性的，和风险中性套利者 N 一样，意识到在获得估值信号 S_A 和 S_B 后对股票最终支付 D 的最佳估计是 $\frac{S_A + S_B}{2}$，而非仅依赖于他们自己的私有信息，则卖空约束对定价没有影响。一旦新信息可获得，价格将完全反映新信息。

$t=0$ 时点，此时均衡价格 P_0 为基于对未来信息的预期：

$$P_0 = E_0(D) = E\left(\frac{S_A + S_B}{2} + \varepsilon\right) = V + \frac{H}{2} \tag{1.39}$$

$t=1$ 时点，投资者 B 收到关于股票最终支付 D 的估值信号 S_B，均衡价格 P_1 为：

$$P_1 = E_1(D) = \frac{E(S_A)}{2} + \frac{S_B}{2} = \frac{V + H + S_B}{2} \tag{1.40}$$

$t=2$ 时点，投资者 A 收到关于股票最终支付 D 的估值信号 S_A，均衡价格 P_2 为：

$$P_2 = E_2(D) = \frac{S_A + S_B}{2} \tag{1.41}$$

$t=3$ 时点，股票最终支付 D，此时市场价格 $P_3 = D$。

基于上述均衡价格过程，可以推导出 $t=1$ 和 $t=2$ 时点的收益如下：

$$R_1 = P_1 - P_0 = \left(\frac{V + H + S_B}{2}\right) - \left(V + \frac{H}{2}\right) = \frac{V + S_B}{2} \tag{1.42}$$

$$R_2 = P_2 - P_1 = \frac{S_A + S_B}{2} - \left(\frac{V + H + S_B}{2}\right) = \frac{S_A - V - H}{2} \tag{1.43}$$

可以看出，完全理性预期下，$t=1$ 和 $t=2$ 时点的股票收益都是对称分布的，并且方差相同。

从经济意义的角度，可对上述模型的均衡过程理解如下：考虑在 $t=1$ 时点，投资者 B 在拍卖过程中始终没有提交购买委托单，这意味着投资者 B 对股票最终支付 D 的估值低于任何目前已经宣布的试行报价 p_1。而市场出清价格 P_1 必然等于风险中性套利者 N 对股票最终支付 D 的估值。套利者 N 知道投资者 B 是理性的，并且此时比其他人有更优的信息。只要投资者 B 拥有的私人信息 S_B 没有得到揭示，套利者 N 会一直认为拍卖报价 p_1 过高，此时市场无法出清。类似地，在 $t=2$ 时点，只要投资者 A 拥有的私人信息 S_A 没有得到揭示，市场一直都不会出清。故完全理性预期下，最终的市场均衡（出清）价格必将反映所有的私人信息。

1.3.2 异质信念下的模型推导——均衡价格及信息反映过程

1. $t=1$ 时点的分析：隐藏信息的可能性

下面开始分析有限理性条件下的均衡价格过程。在 $t=1$ 时点，只有投资者 B 获得私人信息——估值信号 S_B。如果投资者 B 获得的估值信号 S_B 非常悲观，则有可能发生市场均衡（出清）时，该信息未能在均衡价格中得以反映的情形。具体来说，可能出现以下两种情形：

情形 1：投资者 B 的私人信息 S_B 在均衡价格中得以反映，此时均衡价格 P_1 为：

$$P_1 = E_1(D) = \frac{E(S_A)}{2} + \frac{S_B}{2} = \frac{V+H+S_B}{2} \tag{1.44}$$

情形 2：投资者 B 的私人信息 S_B 在均衡价格中未能反映，而是被隐藏起来。此时均衡价格 P_1 为：

$$P_1 = E_1(D) = \frac{E(S_A)}{2} + \frac{E_1(S_B \mid NR)}{2} = \frac{V+H}{2} + \frac{E_1(S_B \mid NR)}{2} \tag{1.45}$$

其中，$E_1(S_B \mid NR)$ 代表私人信号 S_B 被隐藏时，风险中性套利者 N 对 S_B 的条件期望。

假定情形 2 发生时，拍卖试行报价为 p_1，此时投资者 B 没有提交购买委托单，则风险中性套利者 N 对 S_B 的条件期望为 $E_1(S_B \mid S_B \leqslant p_1)$。由 S_B 服从 $[0, 2V]$ 上的均匀分布可知，$E_1(S_B \mid S_B \leqslant p_1) = \dfrac{p_1}{2}$。在报价 p_1 条件下，套利者 N 对股票最终支付 D 的期望为：

$$E_1(D \mid S_B \leqslant p_1) = E_1\left[\left(\frac{S_A + S_B}{2} + \varepsilon\right) \mid S_B \leqslant p_1\right]$$

$$= \frac{1}{2}E_1(S_A) + \frac{1}{2}E_1(S_B \mid S_B \leqslant p_1)$$

$$= \frac{V+H}{2} + \frac{p_1}{4} \tag{1.46}$$

令 S_B^* 为信号 S_B 能否在价格中被反映的临界点，即对于所有 $S_B > S_B^*$，市场出清（均衡）价格 P_1 将反映该信号；而对于所有 $S_B < S_B^*$，由于市场

出清价格 P_1 高于投资者 B 的估值信号 S_B，故此时信号 S_B 没有能够在价格中得以反映，而是被隐藏起来。

临界点 S_B^* 应该是多少呢？令情形 2 中的市场出清价格 P_1 与临界点 S_B^* 相等，有：

$$P_1 = \frac{V+H}{2} + \frac{E_1(S_B \mid S_B < S_B^*)}{2} = \frac{V+H}{2} + \frac{S_B^*}{4} = S_B^*$$

求解上述方程，可解得 S_B^*：

$$S_B^* = \frac{2}{3}(V+H) \qquad (1.47)$$

私有信息 S_B 被隐藏的临界价格为 $S_B^* = \frac{2}{3}(V+H)$，由于 S_B 服从 $[0, 2V]$ 上的均匀分布，故可推断，在投资者 B 进入市场之前，该信息被隐藏的事前预期概率为：

$$\frac{S_B^*}{2V} = \frac{\frac{2}{3}(V+H)}{2V} = \frac{V+H}{3V} \qquad (1.48)$$

在 V 给定的前提下，H（异质信念）越大，则私有信息 S_B 被隐藏的概率越大；在 H（异质信念）给定的前提下，V 越小，则私有信息 S_B 被隐藏的概率越大。换言之，异质信念（H）相对于估值预期（V）的比例越大，私有信息 S_B 被隐藏的概率越大。

2. $t=2$ 时点的分析：隐藏信息的可能性

在 $t=1$ 时点的基础上，进一步讨论 $t=2$ 时点的各种可能情形。从情形 1 出发，私有信息 S_B 已经在价格 P_1 中得以反映的条件下，新的私有信息 S_A 有两种可能：

情形 1 − A：对所有 $S_A > S_A^*$，投资者 A 的私人信息 S_A 在均衡价格中得以反映，此时均衡价格 P_2 为：

$$P_2 = E_2(D) = \frac{S_A + S_B}{2} \qquad (1.49)$$

情形 1 − B：对所有 $S_A < S_A^*$，投资者 A 的私人信息 S_A 在均衡价格中被隐藏，此时均衡价格 P_2 为：

$$P_2 = E_2(D) = \frac{E_1(S_A \mid NR)}{2} + \frac{E(S_B)}{2} = \frac{H + S_A^*}{4} + \frac{S_B}{2} \qquad (1.50)$$

情形 1 - A 和 1 - B 之间的临界点 S_A^* 应该是多少呢？分析过程类似于前面对临界点 S_B^* 的推导。假定拍卖试行报价为 p_2，此时投资者 A 没有提交购买委托单，则风险中性套利者 N 对 S_A 的条件期望为 $E_1(S_A \mid S_A \leqslant p_2)$。由 S_A 服从 $[H, 2V+H]$ 上的均匀分布可知，$E_2(S_A \mid S_A \leqslant p_2) = \dfrac{H+p_2}{2}$。令情形 1 - B 中的市场出清价格 P_2 与临界点 S_A^* 相等，有：

$$P_2 = \frac{H+S_A^*}{4} + \frac{S_B}{2} = S_A^*$$

求解上述方程，可解得：

$$S_A^* = \frac{(2S_B+H)}{3} \tag{1.51}$$

情形 1 - A 代表私有信息 S_B 和 S_A 在市场均衡价格中都得以反映，此时价格过程与完全理性预期下的价格过程完全一致。情形 1 - B 代表私有信息 S_B 在价格中得以反映，而私有信息 S_A 被隐藏。此时，$S_A < S_A^*$，对于所有拍卖试行报价 p_2，只要 $p_2 \geqslant S_A^*$，都有 $S_A - p_2 < 0$，即投资者 A 对股票的购买需求为 0，投资者 A 的私有信息 S_A 未能在价格中被揭示。当拍卖试行报价降到 $p_2 = S_A^*$ 时，套利者 N 对股票最终支付 D 的预期为，$E_2(D) = \dfrac{H+S_A^*}{4} + \dfrac{S_B}{2} = \dfrac{2S_B+H}{3} = S_A^*$，与市场试行报价相等。此时市场出清，但投资者 A 尚未进入市场。

从情形 2 出发，情况较为复杂，$t=2$ 时点的均衡结果包括以下四种可能的组合，如表 1 - 1 所示。

表 1 - 1 　　　　　　　　　　$t=2$ 时点的可能情形

私有信息 S_B	私有信息 S_A	
	反映	隐藏
隐藏	情形 2 - A S_B 继续隐藏	
	情形 2 - B S_B 被隐藏在新的临界点以下	
反映	情形 2 - D S_A 和 S_B 都得以反映	情形 2 - C S_B 得以反映，S_A 被隐藏

情形 2 – A：如果私有信息 $S_A \geqslant (V + H)$，则私有信息 S_A 将在价格中得以反映，但私有信息 S_B 将继续隐藏在临界点 S_B^* 以下。此时的均衡价格 P_2 为：

$$P_2 = E_2(D) = \frac{E(S_A)}{2} + \frac{E_2(S_B \mid S_B < S_B^*)}{2} = \frac{S_A}{2} + \frac{S_B^*}{4} = \frac{S_A}{2} + \frac{V + H}{6} \quad (1.52)$$

由于 $S_A \geqslant (V + H)$，故可以判断 $P_2 = \dfrac{S_A}{2} + \dfrac{V + H}{6} \geqslant \dfrac{2}{3}(V + H) = S_B^*$。而 $S_B < S_B^*$，故市场在私有信息 S_B 得以反映之前已经出清，私有信息 S_B 将继续被隐藏。

情形 2 – A 的直观理解如下：如果投资者 A 在 $t = 2$ 时点的估值比之前更加乐观，则投资者 A 与投资者 B 之间的估值差异进一步加大，投资者 B 此时仍然不会进入市场，私有信息继续被隐藏。

情形 2 – B：如果 $S_A < (V + H)$，且 $S_B \leqslant S_B^{**}$，则私有信息 S_A 将在价格中得以反映，私有信息 S_B 将隐藏在新的临界点 S_B^{**} 以下。此时的均衡价格 P_2 为：

$$P_2 = E_2(D) = \frac{E(S_A)}{2} + \frac{E_2(S_B \mid S_B < S_B^{**})}{2} = \frac{S_A}{2} + \frac{S_B^{**}}{4} \quad (1.53)$$

新的临界点 S_B^{**} 应是多少呢？分析过程与前面的临界点确定过程类似。令情形 2 – B 中的市场出清价格 P_2 与临界点 S_B^{**} 相等，有：

$$P_2 = \frac{S_A}{2} + \frac{S_B^{**}}{4} = S_B^{**}$$

解得：

$$S_B^{**} = \frac{2}{3} S_A \quad (1.54)$$

对于所有 $S_B \leqslant S_B^{**}$，只要拍卖试行报价 $p_2 \geqslant S_B^{**}$，都有 $S_B - p_2 < 0$，即投资者 B 对股票的购买需求为 0。当拍卖试行报价降到 $p_2 = S_B^{**}$ 时，套利者 N 对股票最终支付 D 的预期为，$E_2(D) = \dfrac{S_A}{2} + \dfrac{S_B^{**}}{4} = \dfrac{2}{3} S_A = S_B^{**}$，与市场试行报价 p_2 相等。此时市场出清，但投资者 B 尚未进入市场。

情形 2 – B 的直观理解如下：如果投资者 A 在 $t = 2$ 时点的估值比之前悲观，投资者 B 的私有信息可能会得到部分（但并非完全的）揭示。

情形 2 – C：对 $S_A < (V+H)$，如果 $S_A \leqslant S_A^*$ 与 $S_B > H$ 同时出现，则私有信息 S_B 将得以反映，而私有信息 S_A 将被隐藏。此时市场均衡价格 P_2 为：

$$P_2 = \frac{H+S_A^*}{4} + \frac{S_B}{2} = \frac{2S_B + H}{3} \tag{1.55}$$

假定在时点 1，信息 S_B 被隐藏，同时 $S_A < (V+H)$，S_A 的临界点为：

$$S_A^* = \frac{2S_B + H}{3} \tag{1.56}$$

这里的推导与情形 1 – B 的分析过程类似，不再赘述。

情形 2 – D：对于前述 2 – A ~ 2 – C 未覆盖的其他参数集合，私有信息 S_A 和 S_B 将在 $t = 2$ 时点得以在价格中完全反映，此时市场均衡价格 P_2 为：

$$P_2 = E_2(D) = \frac{S_A + S_B}{2} \tag{1.57}$$

图 1 – 2 直观地展示了均衡股票价格反应私有信息 S_A 和 S_B 的可能情形。分析的关键是：在私有信息 S_B 给定的前提下，私有信息估值 S_A 越低，则私有信息 S_B 被揭示的越多。这有两种可能：一是对于较低的 S_A，S_B 更有可能被完全揭示；二是即使 S_B 未能完全揭示，较低的 S_A 意味着 S_B 在分布中被隐藏的部分更小。

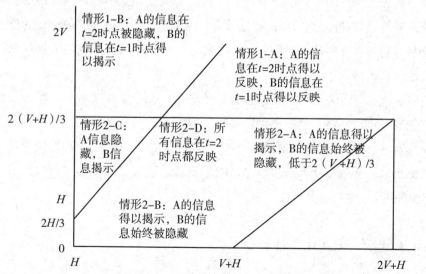

图 1 – 2　均衡股票价格反映私有信息 S_A 和 S_B 的可能情形

直观讨论：假定在时点 1，投资者 B 得到一个悲观信号，此时他对股票的估值低于投资者 A。由于卖空约束，投资者 B 未能进入市场，交易只在投资者 A 和套利者 N 之间进行。套利者足够理性，能够推断出投资者 B 的私有信息估值低于投资者 A，但并不能确切知道究竟有多低。此时时点 1 的市场价格反映了投资者 A 的信息但未能完全反映投资者 B 的信息。

在时点 2，如果投资者 A 得到一个新的乐观信号，投资者 A 仍然是投资者中更乐观的，因此他的信息将在价格中得以反映，投资者 B 在时点 1 的信息将继续被隐藏。

反之，在时点 2，如果投资者 A 得到一个悲观信号，在时点 1 被隐藏的投资者 B 信息将有可能在时点 2 得以揭示。在投资者 A 卖出股票时，套利者可以通过观察投资者 B 是否以及在何种价位上进入市场来推断投资者 B 的信息。例如，如果价格仅下降 5%，投资者 B 就开始愿意买入，套利者推断此前投资者 B 的信息没有那么糟糕；但如果价格下跌 20%，投资者 B 仍然不愿意买入，套利者推断此前投资者 B 的信息比他们之前想的还要糟糕。换言之，在投资者 A 卖出股票时，投资者 B 不愿意提供"购买支持"是新揭示的坏消息，超过了投资者 A 卖出股票中反映的当前坏消息。

至此可以看出，上述模型捕捉了崩盘的前两个特性：

首先，时点 2 的价格变动与当时到达的信息完全不成比例，因为它可能反映了之前被隐藏的 B 信息。罗默（Romer，1993）的思想与此类似，交易过程可以导致被抑制信息的内生揭露，从而导致在可观测的同期新闻很小时，价格发生大的变动。

其次，时点 2 的价格变动具有不对称性。如果在时点 2 投资者 A 得到好消息，该消息将在价格中得以反映，但没有其他新增信息；如果投资者 A 得到坏消息，不仅该信号会被反映，之前被隐藏的投资者 B 的信号也会得到反映。导致市场下跌时信息反映的更多。换言之，观测到的大的价格变动往往是下跌。

1.3.3　收益的负偏特性

表 1-2 将以上分析的各种可能情形的均衡价格加以概括，并在此基础

上计算了各期收益，如表 1 - 3 所示。

表 1 - 2　　　　　　　　　　均衡价格过程

$t = 0$				
均衡价格 P_0	情形	均衡价格 P_1	情形	均衡价格 P_2
$V + \dfrac{H}{2}$	1	$\dfrac{V + H + S_B}{2}$	1 - A	$\dfrac{S_A + S_B}{2}$
			1 - B	$\dfrac{2S_B + H}{3}$
	2	$\dfrac{2}{3}(V + H)$	2 - A	$\dfrac{S_A}{2} + \dfrac{V + H}{6}$
			2 - B	$\dfrac{2}{3} S_A$
			2 - C	$\dfrac{2S_B + H}{3}$
			2 - D	$\dfrac{S_A + S_B}{2}$

(表头跨列：$t = 1$ 覆盖"情形/均衡价格 P_1"，$t = 2$ 覆盖"情形/均衡价格 P_2")

表 1 - 3　　　　　　　　　　收益计算

$t = 1$		$t = 2$	
情形	收益 $R_1 = P_1 - P_0$	情形	收益 $R_2 = P_2 - P_1$
1	$\dfrac{S_B - V}{2}$	1 - A	$\dfrac{S_A - V - H}{2}$
		1 - B	$\dfrac{S_B - H}{6} - \dfrac{V}{2}$
2	$\dfrac{H}{6} - \dfrac{V}{3}$	2 - A	$\dfrac{S_A - V - H}{2}$
		2 - B	$\dfrac{2}{3}(S_A - V - H)$
		2 - C	$\dfrac{2S_B - 2V - H}{3}$
		2 - D	$\dfrac{S_A + S_B}{2} - \dfrac{2}{3}(V + H)$

在 $t = 1$ 时点，如果 S_B 取值为分布范围的最大值 $2V$，则上涨方向的收益最大值为 $\dfrac{V}{2}$，但其下跌方向的收益（绝对值）为 $\left(\dfrac{V}{3} - \dfrac{H}{6}\right)$，由于 $0 \leqslant H \leqslant 2V$，故 $\left(\dfrac{V}{3} - \dfrac{H}{6}\right) \leqslant \dfrac{V}{2}$，即此时下跌方向的极值更小，因为私有信息 S_B

未能完全得以反映。$t=1$ 时点的收益整体表现出正偏特性。

在 $t=2$ 时点，如果 S_A 取值为分布范围的最大值（$2V+H$），则上涨方向的最大值为 $\dfrac{V}{2}$，但其下跌方向的收益最大值（绝对值）为 $\dfrac{2}{3}V$，即此时下跌方向的极值更大。$t=2$ 时点的收益整体表现出负偏特性。

1.3.4　崩盘风险的传染性

在前述基本模型中，崩盘风险的第三个特性——传染性——未能得到刻画，因为此前模型假设只有一个股票。为了刻画传染性，必须将基本模型拓展为包含多个股票。拓展可以通过两种途径来进行：一是基于对市场因子的异质信念；二是考虑个股之间公司特质性冲击的溢出。

1. 基于对市场因子的异质信念

假定市场有多只股票，每只个股 i 都遵循单因素模型：

$$R_i = R_M + Z_i \tag{1.58}$$

其中，R_i 为股票 i 的收益；R_M 为市场因子的收益；Z_i 为代表公司特质性成分的随机变量，均值为零。公司特质性成分 Z_i 在所有股票上独立同分布，且与 R_M 相互独立。

对于任意给定的 R_M，定义 $\hat{\sigma}_{ij}$ 为任两只个股 i 和 j 之间的协方差估计值，即：

$$\hat{\sigma}_{ij} = E[R_i R_j \mid R_M] \tag{1.59}$$

进一步地，可定义相关系数 $\hat{\rho}_{ij}$ 为：

$$\hat{\rho}_{ij} = \frac{E[R_i R_j \mid R_M]}{\sqrt{E[R_i^2 \mid R_M] E[R_j^2 \mid R_M]}} \tag{1.60}$$

如果市场因子的收益分布具有负偏特性，可以证明 $\mathrm{cov}(\hat{\sigma}_{ij}, R_M) < 0$，以及 $\mathrm{cov}(\hat{\rho}_{ij}, R_M) < 0$。

证明过程如下：

由于 $R_i = R_M + Z_i$，由单因素模型可知，$\hat{\sigma}_{ij} = R_M^2 + \sigma_Z^2$，故：

$$E[\hat{\sigma}_{ij} R_M] = E[(R_M^2 + \sigma_Z^2) R_M] = E[R_M^3] < 0 \tag{1.61}$$

故 $\mathrm{cov}(\hat{\sigma}_{ij}, R_M) < 0$。

由定义可知，

$$\hat{\rho}_{ij} = \frac{R_M^2}{R_M^2 + \sigma_Z^2} \tag{1.62}$$

故有，

$$E\left[\frac{1}{\hat{\rho}_{ij} - 1} R_M\right] = E\left[-\frac{R_M^3}{\sigma_Z^2} - R_M\right] = -\frac{R_M^3}{\sigma_Z^2} > 0 \tag{1.63}$$

由于，

$$\frac{\partial}{\partial \hat{\rho}_{ij}}\left(\frac{1}{\hat{\rho}_{ij} - 1}\right) = -\frac{1}{(\hat{\rho}_{ij} - 1)^2} < 0 \tag{1.64}$$

故 $E[\hat{\rho}_{ij} R_M] < 0$。

上式的直观含义很明显：在市场因素发生大变动的条件下，个股收益将高度相关。如果市场因素是负偏的，则它自身的大变动更有可能导致下跌，由于协方差为负，市场下跌意味着个股的协方差和相关性将提高。

2. 考虑个股之间公司特质性冲击的溢出

在有多个股票的市场上，对股票 i 的出售可能不仅会引起股票 i 此前被压制信息的揭示，也会引起股票 j 此前被压制信息的揭示。坏消息提高了股票之间的相关性，股票 j 可能会在没有基本面的同期信息时发生大的价格变化。

假定模型包含两只股票，股票 i 有一群投资者 A_i 和 B_i，类似地，股票 j 也有一群投资者 A_j 和 B_j，每只股票都有对应的风险中性套利者。为分析方便起见，假定 $H = 2V$。

在时点 $t = 1$，投资者 B_i 观测到信号 $S_{B,i}$；在时点 $t = 2$，投资者 A_i 观测到信号 $S_{A,i}$（股票 j 类似），股票支付的终值如下：

$$D_i = \frac{S_{A,i} + S_{B,i}}{2} + \varepsilon_i \tag{1.65}$$

$$D_j = \frac{S_{A,j} + S_{B,j}}{2} + \varepsilon_j \tag{1.66}$$

其中，$\mathrm{cov}(S_{B,i}, S_{B,j}) = \mathrm{cov}(S_{A,i}, S_{A,j}) > 0$。

由于假定 $H = 2V$，在时点 $t = 1$，所有信息 $S_{B,i}$ 和 $S_{B,j}$ 完全隐藏。在时点 $t = 2$，假定两只股票是暂时分割交易的，这意味着两只股票分别单独进行拍卖。这与前述单个股票的情形类似。

假定市场刚刚完成时点 $t=2$ 的出清后，插入时点 $t=2+$，此时允许套利者同时观测两只股票并更新估计，即时点 $t=2$ 在股票 i 的拍卖中完全反映的信息 $S_{B,i}$，一开始并没有反映在股票 j 的价格中，但之后（时点 $t=2+$）立即得以反映。

假定在时点 $t=2$，没有关于股票 j 的新信息，即 $S_{A,j}$ 仍然停留在之前的估值 $(V+H)$，但是有关于股票 i 的公司特质性新信息（坏消息）。一开始在时点 $t=2$ 的分离拍卖中，股票 j 的价格未发生变化；然而，随着股票 i 的价格下跌，之前被隐藏的信息 $S_{B,i}$ 得以披露；在时点 $t=2+$，允许信息分享，这一关于 $S_{B,i}$ 的新信息将导致股票 j 的投资者调整对 $S_{B,j}$ 的估计，因为 $\mathrm{cov}(S_{B,i},S_{B,j})>0$。这样，即使完全没有股票 j 基本面的同步信息，股票 j 的价格也会发生变化。这也导致股票 i 的价格下跌时，两个股票的相关性提高。

记 P_{2+} 为时点 $2+$ 的价格，则有：

$$R_i = P_{i,2+} - P_0$$
$$R_j = P_{j,2+} - P_0$$
$$R_j = (R_i + R_j)/2 \tag{1.67}$$

这里 R_M 代表市场组合，是股票 i 和股票 j 的等权重组合。

定义 $\hat{\sigma}_{ij}=R_iR_j$，可以证明 $\mathrm{cov}(\hat{\sigma}_{ij},R_M)<0$。

证明过程如下：

首先，定义 $\hat{S}_{B,k}=E_{2+}[S_{B,k}]$，代表在时点 $t=2+$ 对信息 $S_{B,k}$ 的条件期望 $(k=i,j)$。对随机变量 X，定义算子 δ：$\delta X=X-E_0[X]$，则有：

$$R_i = \frac{1}{2}(\delta S_{A,i}+\delta \hat{S}_{B,i})$$

$$R_j = \frac{1}{2}(\delta S_{A,j}+\delta \hat{S}_{B,j})$$

$$R_M = \frac{1}{4}(\delta S_{A,i}+\delta S_{A,j}+\delta \hat{S}_{B,i}+\delta \hat{S}_{B,j}) \tag{1.68}$$

利用上面的表达式计算：

$$E[R_iR_jR_M]=\frac{1}{16}E[\delta S_{A,j}(\delta \hat{S}_{B,i})^2+\delta S_{A,i}(\delta \hat{S}_{B,j})^2+2\delta S_{A,i}\delta \hat{S}_{B,i}\delta \hat{S}_{B,j}+2\delta S_{A,j}\delta \hat{S}_{B,i}\delta \hat{S}_{B,j}]$$

$$\tag{1.69}$$

对 $k=i, j$，有 $E[\delta S_{A,k}(\delta \hat{S}_{B,k})^2]<0$。

由于 $\mathrm{cov}(S_{B,i}, S_{B,j})>0$，$S_A$ 与 S_B 相互独立，故必有：

$$\delta \hat{S}_{B,i} = \kappa \delta \hat{S}_{B,j} + \eta_i \tag{1.70}$$

其中，$\kappa>0$，η 与 $S_{A,i}$ 和 $S_{A,j}$ 互相独立。

式（1.69）中每一项的期望都为负，故 $E[R_iR_jR_M]<0$。

上述性质表明股票 i 和股票 j 的相关系数和协方差在市场下跌时会增大，这刻画了崩盘风险的传染性特性。

1.4　股价崩盘风险的经验研究综述

在前述两类理论模型的框架基础上，近十几年来关于股价崩盘风险的国内外经验研究日益丰富，取得了相对丰富的研究成果。按照由内而外的原则，既有关于股价崩盘风险的经验研究可以概括为四个维度：公司内部管理者、外部投资者、市场第三方参与者和外部制度环境。整体脉络如图1-3所示。

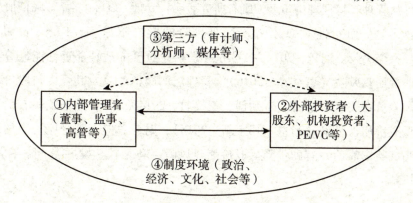

图1-3　股价崩盘风险经验研究脉络

注：图中实线代表二者之间有现金流等直接的利益关系；虚线代表二者之间有信息流等非直接的利益关系。

1.4.1　内部管理者

前述基于信息透明度和委托—代理问题的股价崩盘风险模型已经提出

管理层有隐瞒负面消息的行为倾向，随着负面消息的不断积累、股价被高估从而产生泡沫。但公司内部管理者对坏消息的容纳能力存在上限，一旦超过上限，内部管理者执行放弃期权，累积的坏消息一次性集中释放，从而造成股价崩盘。故信息透明度越低，股价崩盘风险越高。

那么公司管理层的哪些行为会有利于坏消息的隐藏从而加剧崩盘风险呢？管理层的哪些特征有助于抑制委托—代理问题从而有助于降低崩盘风险呢？这方面的相关经验研究近十年来极为丰富。

既有研究发现下列因素会增加个股股价崩盘风险：高管尤其是 CFO 的股票期权激励（Kim et al.，2011b）、高管超额薪酬（Xu et al.，2014）；过度投资、非效率投资（江轩宇、许年行，2015；田昆儒、孙瑜，2015）；现金流操控行为（周冬华、赖升东，2016）。更隐蔽的，公司的避税激进行为（Kim et al.，2011a；江轩宇，2013）、推行社会责任行为（Kim et al.，2014；权小峰、吴世农、尹洪英，2015；田利辉、王可第，2017）、过度支付现金股利等（顾小龙、李天钰、辛宇，2015）也会提高股价崩盘风险。

从管理者特征理论角度，既有研究表明：女性 CEO 能够显著降低股价崩盘风险，而女性 CFO 对股价崩盘风险的影响不显著（Faccio et al.，2011；李小荣、刘行，2012）；财务背景独立董事的地理邻近性能显著降低股价崩盘风险（董红晔，2016）；管理层的政治联系及其强度与股价崩盘风险负相关（罗进辉、罗劲博、王笑竹，2014）；CFO 兼任董秘有助于降低股价崩盘风险（彭情、郑宇新，2018）；财务总监在高管序列中的地位高（排名靠前）有助于降低股价崩盘风险（蒋德权、姚振晔、陈冬华，2018）。

1.4.2 外部投资者

前述基于异质信念的股价崩盘风险模型已经提出，投资者异质信念程度越大，个股的收益率分布越容易呈现负偏特性，崩盘风险越高。既有实证研究支持了这一理论分析。陈、洪和斯坦恩（Chen、Hong and Stein，2001）以去趋势的换手率作为异质信念的代理指标，利用 1962~1998 年的纽约股票交易所（New York Stock Exchange，NYSE）和美国股票交易所（American Stock Exchange，AMEX）的个股数据进行实证检验，发现滞后 6 个月的换手率越高，股票收益越左偏。陈国进和张贻军（2009）以 1997 ~ 2008 年中国 A 股上市公司为样本做了类似实证检验，同样支持这一观点。陶洪亮和申宇（2011）验证了投资者认知风险越大，股价暴跌的风险越大。

外部投资者的典型代表有大股东、机构投资者（共同基金、风险投资基金等）。关于大股东和机构投资者与股价崩盘风险的关系，既有研究呈现了两个相反的观点：正面观点认为大股东持股比例的提高和持股稳定性提高了"监督效应"，降低了股价崩盘风险（Callen and Fang，2013；An and Zhang，2013；王化成、曹丰、叶康涛，2015），风险投资持股有助于降低被投资企业的股价崩盘风险（权小峰、尹洪英，2017）；反面观点认为机构投资者是股市暴涨暴跌的助推器（陈国进等，2010），机构投资者的羊群行为、大股东掏空行为和抛售行为提高了股价崩盘风险（许年行、于上尧、伊志宏，2013；王超恩、张瑞君，2015；吴战篪、李小龙，2015）。

围绕普通投资者开展股价崩盘风险的经验研究较少。唐斯圆和李丹（2018）利用东方财富网股吧这一自媒体的发帖数来度量普通投资者关注，发现股吧发帖总量、带有看跌和看涨情绪的发帖量均与未来股价崩盘风险显著正相关。

1.4.3　第三方：分析师、审计师、媒体等

前面两条线索主要从公司内部因素对信息不对称进而对股价崩盘风险开展研究。在公司外部，也有很多因素影响信息不对称进而影响股价崩盘风险。管理层与投资者之间、外部投资者互相之间的信息不对称程度可能由于第三方信息中介的参与而变化，从而影响股价崩盘风险。

第三方信息中介主要包括三类：分析师、审计师和媒体。既有研究一般认为分析师关注会降低信息不透明程度，提高股价信息含量（朱红军等，2007；潘越、戴亦一、林超群，2011），但是分析师乐观偏差与上市

公司未来股价崩盘风险之间显著正相关，且分析师面临的"利益冲突"会加剧二者的关系（许年行、江轩宇、伊志宏、徐信忠，2012）；当公司聘请的会计师事务所具备更强的行业专长时，其股价的未来崩盘风险更低（江轩宇等，2013；熊家财，2015）。

媒体在资本市场中主要发挥两个作用，即信息中介与公共监督。一方面，媒体通过收集汇编、披露、传播信息，有效降低了投资者的信息搜集成本和信息不对称程度（Fang and Peress，2009）；另一方面，媒体追逐"爆料"以博取订阅量的行为，使得上市公司丑闻更易被揭露，从而发挥公众监督、约束公司管理层的作用（Dyck et al.，2008）。这两个作用在中国市场的实证检验中也得到了验证。媒体对上市公司的频繁报道显著降低了公司股价未来崩盘的风险（罗进辉、杜兴强，2014）。媒体关注度的提升能从"认知效应"和"治理效应"两个角度降低股价崩盘风险（黄新建、赵伟，2015）。研究还发现，上市公司所在省市的制度环境越不完善，公司股价未来崩盘的风险就越高，而媒体报道对股价崩盘风险的消除作用越强；地区投资保护水平越高，未来发生崩盘的风险就越低（罗进辉、杜兴强2014；王化成等，2014）。

1.4.4　制度环境

此外，近年来"法与金融"领域的大量研究表明，制度环境也能发挥一定的外部治理作用。既有关于股价崩盘风险的制度环境研究围绕政治、经济、文化等多个角度展开。

从政治环境角度，中国国有企业更倾向于在政治事件窗口隐藏坏消息从而提高了股价崩盘风险（Piotroski et al.，2010）；从经济环境角度，金融体系越不发达的国家和地区，股价信息含量越低，崩盘风险越高（Morck et al.，2000；Jin and Myers，2006），基础设施建设（如高铁开通）带来了所在地上市公司股价崩盘风险的降低（赵静、黄敬昌、刘峰，2018），融券卖空制度的实施有助于降低股价崩盘风险（孟庆斌、侯德帅、汪叔夜，2018）；从法制环境角度，国际会计准则的强制实施、会计稳健性、债务诉讼能降低股价崩盘风险（Defond et al.，2015；Kim and Zhang，

2011；李小荣、张瑞君、董宏晔，2014）；从文化环境角度，总部位于高宗教信仰程度国家的公司，有更低的股价崩盘风险（Callen and Fang，2015）。

1.5 本书结构安排

本书对股价崩盘风险的研究主线是信息披露。

第1章介绍了股价崩盘风险的主要特征，并对股价崩盘风险背后的机理进行了模型推演。可以看出，不论是公司内部管理者与外部投资者之间，还是外部不同类型的投资者（大股东、机构投资者、个人投资者等）之间，对信息的占有程度不同，是股价崩盘风险形成的根源之一。信息披露是消除不同类型的市场参与者之间的重要手段，因此，本书以信息披露为主线，对股价崩盘风险开展研究。

第2章对中国A股市场的股价崩盘风险从个股层面进行了实证测算。对目前主流的股价崩盘风险指标进行了全面细致的介绍，包括负收益偏度系数（negative coefficient of skew，NCSKEW）、下—上波动比（down-to-up volatility，DUVOL）、度量暴跌事件发生与否的二元变量（crash）、暴跌事件发生频率（crash frequency，CRASHFRQ）和基于期权组合构建的指标（collar），并以2001~2017年中国A股上市公司为样本，对个股层面的崩盘风险进行了全面测算，对其在时间维度和行业维度上的特性进行了比较分析。本章的测算为后续和股价崩盘风险相关的实证研究奠定了基础。

第3章开始正式进入对信息披露与股价崩盘风险关系的实证研究。自美国证券交易委员会（Stock Exchange Commission，SEC）于1996年4月发布关于国际会计准则委员会（International Accounting Standards Committee，IASC）"核心准则"的声明中，首次正式使用"信息透明度"这一术语[1]。之后信息透明度逐渐取代信息披露水平成为该研究领域的主流术语。第3

---

[1] 陈继初：《影响会计透明度提高的三个层面及解决对策》，载于《当代经济》2006年第3期。

章从基于会计报表信息计算的应计盈余管理指标、基于金融市场价格信息计算的股价同步性波动指标和基于交易所官方对上市公司信息披露质量考评结果指标，多维度的对信息透明度与股价崩盘风险之间的关系进行了检验。

既有理论框架一般都认为信息透明度与股价崩盘风险之间存在负相关关系。这是二者关系的完整刻画吗？按照有效市场理论，价格反映了信息。但信息可以进一步分为价值信息和噪音信息，其中价值信息指对公司基础价值造成冲击的部分，而噪音信息指不对公司基础价值造成冲击、主要是受到投资者情绪或融资流动性影响的部分。这两部分信息对股价崩盘风险会造成不同影响。第一，价值信息透明度的提高可以降低管理层与投资者之间的委托代理成本，降低外部投资者的认知风险以及异质信念程度，从而有助于抑制泡沫的形成和崩溃，降低个股崩盘风险；但同时也可能会带来一些负面效应——过度透明的信息披露使竞争对手对其充分了解，从而导致公司在竞争中处于劣势，这些竞争劣势反映在公司价值上就是导致其未来价值降低，从而提高了崩盘风险。第二，噪音信息透明度的提高会使价格包括更多的噪音，导致价格波动程度提高，由波动率反馈效应可知股票收益率更易呈现负偏特性，导致股价崩盘风险提高。此外，投资者的非理性情绪（如狂热或过度悲观）带来过度反应，会进一步放大噪音信息的影响。当投资者难以区分价格变化是来自价值冲击还是噪音冲击时，信息透明度的提高对股价崩盘风险的影响方向也难以确定。上述两个推测表面上看互相矛盾，但很可能同时存在。这意味着信息透明度与股价崩盘风险之间存在非线性关系。本章对信息透明度与股价崩盘风险之间的非线性关系进行了验证。

第 4 章将信息披露考察的范围扩大，从相对标准化、易量化和具有可比性的财务信息拓展到不易量化和标准化程度较低的非财务信息。企业社会责任报告是获取非财务信息的重要来源。企业社会责任信息披露究竟是发挥了沟通作用，降低了公司的信息不对称程度，从而降低了股价崩盘风险；还是发挥了掩饰作用，成为管理层掩盖坏消息，转移投资者注意力的自利工具，从而提高了股价崩盘风险？此外，相比于财务类信息披露，企业社会责任信息披露的评价方式也常各有体系。本章考察了中国资本市场上具有广泛影响力的三种企业社会责任评价体系，对其与股价崩盘风险之间的关系开展了研究。

第 5 章进一步将信息披露考察的范围扩大，从上市公司的书面信息披露，拓展到交易者行为信息的披露。行胜于言，交易者行为传递的信息可能比语言传递的信息更为准确。在信息不对称的现实环境中，处于信息劣势的投资者往往会通过观测处于信息优势的投资者交易行为来推测其私有信息，进而影响估值判断。公司内部人（包括董事、监事、高级管理人员、大股东及其近亲属等）是典型的、被认为具有信息优势的交易者。本章以内部人交易为对象，考察了其与股价崩盘风险之间的关系，并对投资者情绪在其中是否扮演了中介和调节作用展开了进一步研究。

第 6 章为全书总结，概括研究结论、提出政策建议，并进一步展望未来的研究方向。

第2章

中国 A 股的崩盘风险测算：个股层面

2.1 股价崩盘风险度量指标

第 1 章的理论模型分析表明，股价崩盘风险的一个重要特性是股票收益的非对称性，更精确一点而言是收益的负偏性。据此，陈、洪和斯坦恩（Chen，Hong and Stein，2001）首次在个股层面上提出度量收益负偏性从而预测股价崩盘风险的两个经典指标负收益偏态系数（*NCSKEW*）和下—上波动比（*DUVOL*），并在随后的研究中得到广泛应用。这两个度量指标的构建方法如下：

首先，通过扩展的指数模型得到的残差 $\varepsilon_{i,t}$ 来刻画个股的异常收益率。常用的扩展指数模型如式（2.1）和式（2.2）所示：

$$r_{i,t} = \alpha_i + \beta_{1i} r_{m,t-2} + \beta_{2i} r_{m,t-1} + \beta_{3i} r_{m,t} + \beta_{4i} r_{m,t+1} + \beta_{5i} r_{m,t+2} + \varepsilon_{i,t} \quad (2.1)$$

$$r_{i,t} = \alpha_i + \beta_{1i} r_{m,t-1} + \beta_{2i} r_m + \beta_{3i} r_{m,t+1} + \beta_{4i} r_{j,t-1} + \beta_{5i} r_{j,t} + \beta_{6i} r_{j,t+1} + \varepsilon_{i,t} \quad (2.2)$$

其中，$r_{i,t}$ 表示股票 i 在 t 周的收益率，$r_{m,t}$ 表示市场指数（如 CRSP 市值加权市场指数、上证综指等）在 t 周的收益率，$r_{j,t}$ 表示股票 i 所在行业 j 在第 t 周的收益率。$t-2$、$t-1$、$t+1$ 和 $t+2$ 分别表示滞后二期、滞后一期、提前一期和提前两期；$\varepsilon_{i,t}$ 是残差项，表示经市场和行业调整后的公司特质信息对股票收益的影响，反映了公司的特质信息风险。金等（Kim et al.，2011）的研究表明，从式（2.1）和式（2.2）提取的残差项对实证结果几乎不产生实质性影响。本书在后续的实证测算中采用式（2.1）形式。

从式（2.1）中得到的残差是高度有偏的，故对其进行对数转换以使其基本呈现对称分布。将经对数转换后的值定义为公司特定周收益率：

$$W_{i,t} = \ln(1 + \varepsilon_{i,t}) \tag{2.3}$$

基于 $W_{i,t}$ 构造以下指标：

1. 负收益偏态系数（NCSKEW）

$$NCSKEW_{i,t} = -\frac{n(n-1)^{\frac{3}{2}}\sum W_{i,t}^3}{(n-1)(n-2)\left(\sum W_{i,t}^2\right)^{\frac{3}{2}}} \tag{2.4}$$

其中，n 为股票每年交易周数。

NCSKEW 可直观理解为收益 $W_{i,t}$ 的三阶矩除以收益 $W_{i,t}$ 标准差的三阶矩，并取负值。如果从扩展的指数模型中提取的残差收益 $\varepsilon_{i,t}$ 服从对数正态分布，换言之，经对数转换后的收益 $W_{i,t}$ 服从正态分布，则 NCSKEW 的均值应该为零。如果收益 $W_{i,t}$ 的分布呈现左偏特性，则其三阶矩应为负值。该指标在分母上使用标准差的三阶矩，是偏度度量常用的标准化技术（Greene，1993）。在三阶矩前面取负值，主要是为了与传统表达一致，即 NCSKEW 越大，表明负偏越严重，股价崩盘风险越高。

2. 下—上波动比（DUVOL）

$$DUVOL_{i,t} = \log\left[\frac{(n_u - 1)\sum_{Down} W_{i,t}^2}{(n_d - 1)\sum_{Up} W_{i,t}^2}\right] \tag{2.5}$$

其中，n_u 和 n_d 分别代表公司特定周收益率 $W_{i,t}$ 高于和低于年均收益的周数。

DUVOL 指标的直观含义较为明显：对股票 i 在年份 t 的样本，根据公司特定周收益率 $W_{i,t}$ 的年均值，将其分为两个：$W_{i,t}$ 低于年均值的构成 down 子样本和 $W_{i,t}$ 高于年均值的构成 up 子样本。分别计算两个子样本的标准差。DUVOL 是两个子样本标准差之比再取对数。DUVOL 越大，表明收益率分布更倾向于负偏，股价崩盘风险越高。

3. 基于收益率分布尾部构建的崩盘风险度量

既有研究对股价崩盘风险的度量还有两种比较常用的度量方式，是基于收益率分布的尾部特征来构建的。假定经对数转换后的公司特定周收益率 $W_{i,t}$ 服从正态分布：

$$W_{i,t} \sim N(\mu, \sigma) \tag{2.6}$$

其中，μ 为均值，σ 为标准差。定义一个二元变量代表股票崩盘（Marin and Oliver，2008）。具体构建方法如下：

（1）暴跌事件发生与否（CRASH）。通过式（2.7）确认暴跌事件。

$$W_{i,t} \leq \mu - k\sigma \qquad (2.7)$$

k 的取值不同，对应不同的分位数，常用的选择有 3.09、2.58 和 2.33。其中，$k=3.09$，对应在正态分布下尾部发生的概率为 0.1%；$k=2.58$，对应在正态分布下尾部发生的概率为 0.5%；$k=2.33$，对应在正态分布下尾部发生的概率为 1%。

如果在一年时间里，公司特定周收益率 $W_{i,t}$ 一次或多次满足式（2.7），表示股票 i 在 t 年发生过暴跌，$CRASH_{i,t}$ 取值为 1；否则，$CRASH_{i,t}$ 取值为 0，表示崩盘事件未发生。

（2）暴跌事件发生频率（CRASHFRQ）。CRASH 指标对临界值分位数的选取较为敏感，但对临界值分位数之下的尾部分布刻画较为单薄。在临界值分位数之下，尾部的分布不同在 CRASH 指标中完全不能体现。这与市场风险度量指标中在险价值（value-at-risk，VaR）存在的缺陷类似。为了克服这一缺陷，在 VaR 基础上构建了预期资本不足（expected shortfall，ES）指标，考虑尾部分布的均值（江婕、王正位，2015）。

类似的，为了更好体现临界值分位数之下尾部分布的特点，可在 CRASH 指标的基础上，进一步统计一年中公司特定周收益率 $W_{i,t}$ 低于特定分位数出现的频率，用当年暴跌次数除以交易周数，得到新的度量指标 CRASHFRQ。

$$CRASHFRQ_{i,t} = \frac{COUNT_{i,t}}{Num_{i,t}} \qquad (2.8)$$

其中，$COUNT_{i,t}$ 代表股票 i 在 t 年中出现 CRASH 的次数，$Num_{i,t}$ 代表股票 i 在 t 年的交易周数。

4. 期权组合（COLLAR）

金和迈尔斯（Jin and Myers，2006）基于期权组合剔除了一个股价崩盘风险的度量指标 COLLAR。该指标的构建思路如下：

以公司特定收益率为基础资产，买入一个看跌期权并同时出售一个看涨期权，构建一个理论上净投资额为零的组合。其中，看跌期权的执行价

设定为 $(\mu - 3.09\sigma)$，此执行价对应的看跌期权在对数正态分布下成为实值期权的风险中性概率为 0.1%。根据看跌—看涨期权平价关系（put-call parity），设定看涨期权的执行为 $(\mu + 3.09\sigma)$，此执行价对应的看涨期权在对数正态分布下成为实值期权的风险中性概率也为 0.1%。整个组合在对数正态分布下期望值为零。然后计算该组合的实际市场损益，看跌期权的价值为：

$$put_{i,t} = Max(0, (\mu - 3.09\sigma) - W_{i,t}) \tag{2.9}$$

看涨期权的价值为：

$$call_{i,t} = Max(0, W_{i,t} - (\mu + 3.09\sigma)) \tag{2.10}$$

对于股票 i，将其 t 年的看跌期权价值与看涨期权的价值相减，得到整个组合的实际市场损益 COLLAR，并计算该损益与公司股价的占比。

$$COLLAR_{i,t} = \sum_{t=1}^{n} put_{i,t} - \sum_{t=1}^{n} call_{i,t} \tag{2.11}$$

COLLAR 组合价值高，意味着押注下跌方向的看跌期权提供的收益超过了押注上涨方向的看涨期权遭受的损失。COLLAR 价值越高，股价崩盘的可能性及严重性越大。

COLLAR 组合的构建也可取其他分位数，如对应 0.5% 分位数的 2.58 倍标准差，对应 1% 分位数的 2.33 倍标准差。

2.2　中国 A 股的股价崩盘风险测算及分析

由于中国 A 股市场并没有个股对应的期权在交易，COLLAR 组合无法实际构建，本节将使用前述 NCSKEW、DUVOL、CRASH 和 CRASHFRQ 四个指标对中国 A 股上市公司股票的崩盘风险进行实证测算与分析，并在后续章节中进一步开展相关实证研究。

本节以 2001 ~ 2017 年中国 A 股上市公司作为研究样本，所有样本公司交易数据来自 CSMAR 数据库。在数据合并过程中，本节样本经过以下处理：（1）剔除金融业公司；（2）剔除股票被 ST、PT 的年份；（3）剔除财务数据缺失的样本；（4）由于需要使用公司的特定周收益率来计算崩盘风险指标，而特定周收益率是基于扩展的指数模型回归中得到残差加以处理而得，为保证指数模型回归的正确性，剔除了年度周收益率数据不足30个的公司。最终得到前后17年共计3247个公司的30522个观测值。

2.2.1 负收益偏度系数（NCSKEW）

表2-1和表2-2是根据式（2.4）计算得出的中国A股上市公司股票的崩盘风险指标NCSKEW的分年度和分行业描述性统计。其中，行业分类依据为中国证券监督管理委员会2012年修订的《上市公司行业分类指引》，共19个门类，如表2-3所示。

表2-1　　　　　　　*NCSKEW* 的描述性统计——分年度

年份	观测值（个）	均值	标准差	25%分位数	中位数	75%分位数	最小值	最大值
2001	1071	-1.175	0.532	-1.449	-1.277	-1.027	-2.787	2.639
2002	1113	0.152	0.615	-0.222	0.145	0.529	-2.813	3.565
2003	1175	-0.478	0.745	-0.940	-0.477	-0.0993	-3.276	4.987
2004	1245	-0.752	0.483	-1.012	-0.754	-0.501	-3.450	2.631
2005	1299	-0.643	0.560	-0.967	-0.661	-0.345	-3.162	3.451
2006	1282	0.954	1.076	0.451	1.137	1.652	-3.773	5.661
2007	1344	0.537	0.578	0.284	0.620	0.906	-4.939	2.093
2008	1466	-0.566	0.484	-0.867	-0.600	-0.340	-2.363	3.727
2009	1509	0.080	0.532	-0.216	0.136	0.437	-4.198	1.396
2010	1761	-0.599	0.631	-1.007	-0.614	-0.170	-3.164	1.736
2011	2072	-1.158	0.513	-1.441	-1.168	-0.889	-4.015	3.111
2012	2307	-0.776	0.699	-1.151	-0.763	-0.395	-4.280	2.693
2013	2379	-1.044	0.599	-1.339	-1.029	-0.720	-3.544	3.527
2014	2399	0.961	1.175	0.285	1.165	1.816	-4.661	3.483
2015	2492	-0.482	0.727	-0.850	-0.504	-0.153	-3.322	4.079
2016	2610	-0.969	0.751	-1.356	-0.907	-0.499	-5.304	1.696
2017	2998	-0.685	1.041	-1.329	-0.747	-0.0863	-4.760	4.589
总计	30522	-0.439	1.001	-1.091	-0.592	0.0801	-5.304	5.661

表 2 – 2　　　　　　　　*NCSKEW* 的描述性统计——分行业

行业	观测值（个）	均值	标准差	25%分位数	中位数	75%分位数	最小值	最大值
A	453	−0.397	1.032	−1.121	−0.567	0.159	−2.787	2.957
B	911	−0.470	1.002	−1.139	−0.592	0.008	−4.015	3.727
C	17860	−0.449	1.011	−1.106	−0.614	0.072	−5.250	4.589
D	1416	−0.403	0.984	−1.080	−0.566	0.143	−3.661	3.375
E	835	−0.460	0.996	−1.092	−0.605	0.032	−4.048	3.383
F	2093	−0.394	0.990	−1.053	−0.535	0.163	−5.148	3.750
G	1161	−0.452	1.014	−1.041	−0.604	0.001	−4.225	5.661
H	138	−0.326	0.918	−0.906	−0.463	0.093	−2.397	2.804
I	1762	−0.452	0.937	−1.064	−0.555	0.093	−5.304	4.079
K	1909	−0.431	0.981	−1.052	−0.592	0.036	−3.485	3.137
L	429	−0.398	0.999	−1.099	−0.544	0.137	−3.206	2.798
M	205	−0.525	1.001	−1.062	−0.677	−0.050	−3.197	3.184
N	393	−0.338	1.037	−1.038	−0.497	0.117	−2.913	3.268
P	33	−0.345	1.029	−0.913	−0.305	0.221	−3.544	1.695
Q	104	−0.514	0.923	−1.082	−0.587	−0.031	−2.527	2.053
R	430	−0.378	0.951	−1.049	−0.484	0.198	−3.867	2.267
S	390	−0.405	0.977	−1.080	−0.579	0.172	−3.380	3.565
总计	30522	−0.439	1.001	−1.091	−0.592	0.080	−5.304	5.661

表 2 – 3　　　　　　　　证监会 2012 年上市公司行业分类指引

代码	行业门类	代码	行业门类
A	农、林、渔、牧业	K	房地产业
B	采矿业	L	租赁和商务服务业
C	制造业	M	科学研究和技术服务业
D	电力、热力、燃气及水生产和供应业	N	水利、环境和公共设施管理业
E	建筑业	O	居民服务、修理和其他服务业
F	批发和零售业	P	教育
G	交通运输、仓储和邮政业	Q	卫生和社会工作
H	住宿和餐饮业	R	文化、体育和娱乐业
I	信息传输、软件和信息技术服务业	S	综合
J	金融业		

总体而言，A股个股 *NCSKEW* 在 2001~2017 年间的均值为 -0.439，最小值为 -5.304，最大值为 5.661，可见中国 A 股上市公司股价崩盘风险的差异较大。由于 *NCSKEW* 的标准差仅为 1.001，故出现极端值的可能性较小。

分年度来看，观测值随时间不断增多，与 A 股上市公司数量的不断增长一致。从年度均值看，*NCSKEW* 并未呈现明显的单一趋势性变化，而是展示出均值回复的特性，如图 2-1 所示。这与中国 A 股市场暴涨暴跌一直较为频繁的特点相符。

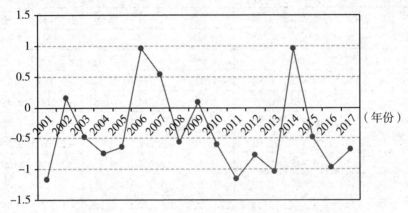

图 2-1　中国 A 股 *NCSKEW* 均值的年度变化

表 2-2 中不包括 J（金融业）和 O（居民服务、修理和其他服务业），因为金融业公司已在样本中被剔除，而居民服务、修理和其他服务业目前没有上市公司。表 2-2 所列 17 个大门类中，C（制造业）的观测值最多，约占全部样本的 60%，其次是 F（批发和零售业）、K（房地产业），各约占全部样本的 7% 和 6%。分行业来看，由图 2-2 可以看出，*NCSKEW* 最低的行业为 M（科学研究和技术服务业），最高的行业为 H（住宿和餐饮业）。总体而言，*NCSKEW* 的各行业区别不大，基本围绕在均值附近。

2.2.2　下—上波动比（*DUVOL*）

表 2-4 和表 2-5 是根据式（2.5）计算而得的中国 A 股上市公司股票的崩盘风险指标 *DUVOL* 的分年度和分行业描述性统计。

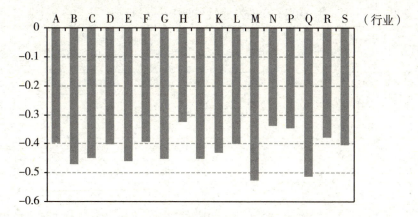

图 2 - 2　中国 A 股 *NCSKEW* 均值的行业比较

表 2 -4　　　　　*DUVOL* 的描述性统计——分年度

年份	观测值 （个）	均值	标准差	25% 分位数	中位数	75% 分位数	最小值	最大值
2001	1071	- 1. 515	0. 543	- 1. 862	- 1. 572	- 1. 256	- 3. 202	2. 423
2002	1113	0. 031	0. 491	- 0. 239	0. 049	0. 351	- 1. 775	2. 010
2003	1175	- 0. 540	0. 677	- 0. 937	- 0. 519	- 0. 127	- 2. 327	3. 033
2004	1245	- 0. 791	0. 459	- 1. 077	- 0. 804	- 0. 506	- 2. 476	2. 142
2005	1299	- 0. 702	0. 526	- 1. 038	- 0. 678	- 0. 379	- 2. 840	2. 066
2006	1282	0. 885	0. 868	0. 376	0. 999	1. 507	- 2. 805	3. 201
2007	1344	0. 615	0. 550	0. 304	0. 659	0. 984	- 2. 930	2. 537
2008	1466	- 0. 688	0. 459	- 0. 970	- 0. 677	- 0. 417	- 2. 952	1. 964
2009	1509	0. 046	0. 452	- 0. 223	0. 074	0. 345	- 2. 192	1. 364
2010	1761	- 0. 728	0. 536	- 1. 044	- 0. 691	- 0. 364	- 3. 010	1. 342
2011	2072	- 1. 315	0. 533	- 1. 651	- 1. 325	- 0. 994	- 3. 466	1. 455
2012	2307	- 0. 736	0. 600	- 1. 098	- 0. 721	- 0. 357	- 3. 527	2. 315
2013	2379	- 1. 096	0. 542	- 1. 427	- 1. 089	- 0. 761	- 3. 605	2. 339
2014	2399	0. 642	0. 902	0. 139	0. 745	1. 267	- 3. 211	3. 066
2015	2492	- 0. 526	0. 656	- 0. 860	- 0. 516	- 0. 223	- 3. 000	3. 152
2016	2610	- 0. 867	0. 639	- 1. 233	- 0. 835	- 0. 440	- 5. 100	1. 300
2017	2998	- 0. 634	0. 893	- 1. 246	- 0. 662	- 0. 060	- 6. 236	3. 026
总计	30522	- 0. 503	0. 905	- 1. 112	- 0. 596	0. 013	- 6. 236	3. 201

表 2 – 5　　　　　DUVOL 的描述性统计——分行业

行业	观测值（个）	均值	标准差	25%分位数	中位数	75%分位数	最小值	最大值
A	453	-0.466	0.949	-1.105	-0.578	0.124	-2.955	2.143
B	911	-0.526	0.924	-1.180	-0.568	0.007	-3.200	2.638
C	17860	-0.511	0.913	-1.130	-0.611	0.010	-6.236	3.201
D	1416	-0.480	0.906	-1.085	-0.566	0.032	-3.202	2.915
E	835	-0.513	0.886	-1.080	-0.605	-0.029	-3.527	2.584
F	2093	-0.474	0.897	-1.091	-0.548	0.074	-4.111	3.152
G	1161	-0.518	0.886	-1.095	-0.627	-0.034	-4.582	3.067
H	138	-0.430	0.836	-0.990	-0.527	0.043	-2.381	2.582
I	1762	-0.498	0.859	-1.093	-0.565	0.029	-3.662	2.431
K	1909	-0.504	0.888	-1.077	-0.591	-0.033	-2.861	2.783
L	429	-0.472	0.900	-1.079	-0.598	0.139	-2.893	2.308
M	205	-0.529	0.863	-1.026	-0.636	-0.081	-2.794	2.216
N	393	-0.443	0.954	-1.057	-0.537	-0.013	-2.383	2.537
P	33	-0.374	1.025	-0.974	-0.347	0.240	-3.605	1.438
Q	104	-0.557	0.912	-1.115	-0.644	-0.098	-2.374	1.928
R	430	-0.442	0.897	-1.005	-0.488	0.166	-3.222	2.389
S	390	-0.454	0.910	-1.093	-0.540	0.025	-2.598	2.298
总计	30522	-0.503	0.905	-1.112	-0.596	0.013	-6.236	3.201

　　总体而言，A 股个股 DUVOL 在 2001~2017 年间的均值为 -0.503，最小值为 -6.236，最大值为 3.201，可见中国 A 股上市公司股价崩盘风险的差异较大。由于 DUVOL 的标准差仅为 0.905，故出现极端值的可能性较小。

　　从年度均值来看，DUVOL 也并未呈现明显的单一趋势性变化，而是展示出均值回复的特性，如图 2 – 3 所示。从行业均值来看，DUVOL 最低的行业为 Q（卫生和社会工作），最高的行业为 P（教育），如图 2 – 4 所示。总体而言，DUVOL 的各行业区别不大，基本都围绕在均值附近。

　　比较 DUVOL 与 NCSKEW 可以看出，虽然在数值上略有差异，但二者在时间维度和截面维度的特性都极为类似。

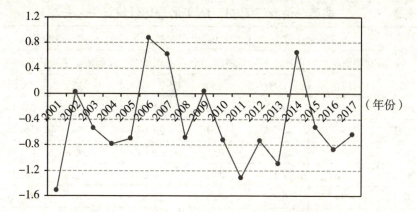

图2-3 中国A股 *DUVOL* 均值的年度变化

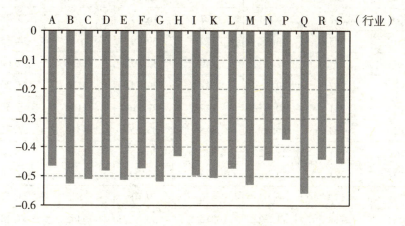

图2-4 中国A股 *DUVOL* 均值的行业比较

2.2.3 暴跌事件发生与否（*CRASH*）

表2-6和表2-7分别概括了据式（2.7）计算的二元变量 *CRASH* =1 时的分年度和分行业描述性统计。本章选取了3个典型分位数作为临界值来计算 *CRASH*，分别是0.1%、0.5%和1%，分别对应均值以下3.09倍、2.58倍和2.33倍标准差。随着临界值分位数的提高，*CRASH* =1 即个股实际发生暴跌的概率逐渐提高。平均而言，在0.1%、0.5%和1%分位数下，中国A股实际发生暴跌的概率平均为11.32%、30.52%和47.14%。

表2-6　　　典型分位数下 $CRASH=1$ 的描述性统计——分年度

年份	0.1%分位数		0.5%分位数		1%分位数	
	观测值（个）	占比（%）	观测值（个）	占比（%）	观测值（个）	占比（%）
2001	141	11.60	336	27.65	523	43.05
2002	244	19.32	548	43.39	776	61.44
2003	216	16.27	519	39.08	754	56.78
2004	321	22.51	756	53.02	1045	73.28
2005	112	7.82	345	24.08	592	41.31
2006	95	6.68	325	22.86	514	36.15
2007	77	5.16	313	20.96	588	39.38
2008	105	6.48	363	22.39	662	40.84
2009	67	4.04	277	16.71	560	33.78
2010	325	16.54	772	39.29	1072	54.55
2011	277	12.19	749	32.97	1127	49.60
2012	257	10.36	737	29.71	1171	47.20
2013	251	10.05	729	29.20	1161	46.50
2014	263	10.47	845	33.65	1312	52.25
2015	411	15.92	933	36.15	1348	52.23
2016	381	13.48	933	33.00	1370	48.46
2017	170	6.03	536	19.01	893	31.67
总计	3713	11.32	10016	30.52	15468	47.14

表2-7　　　典型分位数下 $CRASH=1$ 的描述性统计——分行业

行业	0.1%分位数		0.5%分位数		1%分位数	
	观测值（个）	占比（%）	观测值（个）	占比（%）	观测值（个）	占比（%）
A	56	11.89	153	32.48	223	47.35
B	80	8.55	256	27.35	418	44.66
C	2166	11.38	5804	30.49	8936	46.95
D	163	10.77	465	30.73	705	46.60
E	97	10.85	265	29.64	409	45.75
F	279	12.41	730	32.47	1099	48.89
G	128	9.86	348	26.81	571	43.99

行业	0.1% 分位数		0.5% 分位数		1% 分位数	
	观测值（个）	占比（%）	观测值（个）	占比（%）	观测值（个）	占比（%）
H	30	17.75	65	38.46	95	56.21
I	182	10.03	539	30.00	875	48.24
J	36	14.17	72	28.35	107	42.13
K	237	11.12	665	31.19	1034	48.50
L	52	11.13	158	33.83	221	47.32
M	29	14.50	65	32.50	103	51.50
N	65	15.78	146	35.44	211	51.21
P	6	17.14	13	37.14	20	57.14
Q	12	11.11	22	20.37	40	37.04
R	48	10.98	131	29.98	207	47.37
总计	3713	11.32	10016	30.52	15468	47.14

各年之间 A 股实际发生暴跌的概率差别较大。不论在哪个分位数下，个股实际发生暴跌概率最高的年份都为 2004 年。在 0.1% 和 0.5% 分位数下，个股实际发生暴跌概率最低的年份为 2009 年，但在 1% 分位数下，个股实际发生暴跌概率最低的年份为 2017 年（其次为 2009 年）。投资者对 2015 年中国 A 股市场的暴跌印象深刻。从表 2 – 6 可以看出，2015 年的个股实际发生暴跌概率的排序大约在前 1/3。值得注意的是，本书采用的个股崩盘风险的度量指标，都是基于剔除了市场整体影响之后的公司特质收益计算而得的，度量的是在剔除市场、行业因素之后公司特质性波动带来的收益负偏程度。所以，对个股崩盘风险的评价与对整体市场的下跌不完全一致是非常有可能的。

从行业分类来看，个股实际发生暴跌的概率在各行业之间的差别没有在各年之间的差异那么大。在各分位数下，个股实际发生暴跌概率最高的行业是 H（住宿和餐饮业）、P（教育），这与之前 *NCSKEW* 和 *DUVOL* 均值最高的行业一致；G（交通运输、仓储和邮政业）和 Q（卫生以及社会工作）的个股实际暴跌概率较低。

2.2.4 暴跌事件发生频率（*CRASHFRQ*）

表 2-8 和表 2-9 分别概括了 0.1% 分位数临界值下 *CRASHFRQ* 指标的分年度和分行业描述性统计。个股暴跌实际发生平均频率约为 0.4%，高于理论值 0.1%。表 2-10 和表 2-11 分别概括了 0.5% 分位数临界值下 *CRASHFRQ* 指标的分年度与分行业描述性统计。个股暴跌实际发生平均频率约为 0.8%，高于理论值 0.5%。表 2-12 和表 2-13 分别概括了 1% 分位数临界值下 *CRASHFRQ* 指标的分年度与分行业描述性统计。个股暴跌实际发生平均频率约为 1.24%，也高于理论值 1%。综上可以看出，不论取哪个分位数临界值，个股暴跌实际发生的平均频率均高于正态分布预测值，公司特定收益率呈现较为明显的左偏特性。

表 2-8　　　　 *CRASHFRQ* 的分年度描述性统计——0.1% 分位数

年份	观测值（个）	均值	标准差	25%分位数	中位数	75%分位数	最小值	最大值
2001	1071	0.0020	0.0060	0.0000	0.0000	0.0000	0.0000	0.0294
2002	1113	0.0104	0.0104	0.0000	0.0200	0.0200	0.0000	0.0444
2003	1175	0.0040	0.0082	0.0000	0.0000	0.0000	0.0000	0.0392
2004	1245	0.0033	0.0074	0.0000	0.0000	0.0000	0.0000	0.0392
2005	1299	0.0012	0.0048	0.0000	0.0000	0.0000	0.0000	0.0408
2006	1282	0.0080	0.0106	0.0000	0.0000	0.0204	0.0000	0.0435
2007	1344	0.0005	0.0032	0.0000	0.0000	0.0000	0.0000	0.0263
2008	1466	0.0054	0.0092	0.0000	0.0000	0.0192	0.0000	0.0455
2009	1509	0.0005	0.0031	0.0000	0.0000	0.0000	0.0000	0.0208
2010	1761	0.0056	0.0090	0.0000	0.0000	0.0196	0.0000	0.0333
2011	2072	0.0010	0.0046	0.0000	0.0000	0.0000	0.0000	0.0500
2012	2307	0.0017	0.0057	0.0000	0.0000	0.0000	0.0000	0.0333
2013	2379	0.0009	0.0041	0.0000	0.0000	0.0000	0.0000	0.0278
2014	2399	0.0148	0.0127	0.0000	0.0189	0.0196	0.0000	0.0513
2015	2492	0.0018	0.0063	0.0000	0.0000	0.0000	0.0000	0.0333
2016	2610	0.0007	0.0037	0.0000	0.0000	0.0000	0.0000	0.0294
2017	2998	0.0022	0.0066	0.0000	0.0000	0.0000	0.0000	0.0408
总计	30522	0.0036	0.0083	0.0000	0.0000	0.0000	0.0000	0.0513

表 2 - 9　　*CRASHFRQ* 的分行业描述性统计——0.1% 分位数

行业	观测值（个）	均值	标准差	25%分位数	中位数	75%分位数	最小值	最大值
A	453	0.0034	0.0085	0.0000	0.0000	0.0000	0.0000	0.0408
B	911	0.0027	0.0073	0.0000	0.0000	0.0000	0.0000	0.0444
C	17860	0.0036	0.0083	0.0000	0.0000	0.0000	0.0000	0.0500
D	1416	0.0039	0.0087	0.0000	0.0000	0.0000	0.0000	0.0392
E	835	0.0038	0.0085	0.0000	0.0000	0.0000	0.0000	0.0408
F	2093	0.0041	0.0087	0.0000	0.0000	0.0000	0.0000	0.0513
G	1161	0.0038	0.0084	0.0000	0.0000	0.0000	0.0000	0.0400
H	138	0.0049	0.0096	0.0000	0.0000	0.0000	0.0000	0.0377
I	1762	0.0031	0.0076	0.0000	0.0000	0.0000	0.0000	0.0476
K	1909	0.0037	0.0081	0.0000	0.0000	0.0000	0.0000	0.0400
L	429	0.0036	0.0081	0.0000	0.0000	0.0000	0.0000	0.0377
M	205	0.0024	0.0068	0.0000	0.0000	0.0000	0.0000	0.0377
N	393	0.0045	0.0093	0.0000	0.0000	0.0000	0.0000	0.0392
P	33	0.0042	0.0083	0.0000	0.0000	0.0000	0.0000	0.0217
Q	104	0.0029	0.0071	0.0000	0.0000	0.0000	0.0000	0.0222
R	430	0.0033	0.0078	0.0000	0.0000	0.0000	0.0000	0.0377
S	390	0.0042	0.0086	0.0000	0.0000	0.0000	0.0000	0.0377
总计	30522	0.0036	0.0083	0.0000	0.0000	0.0000	0.0000	0.0513

表 2 - 10　　*CRASHFRQ* 的分年度描述性统计——0.5% 分位数

年份	观测值（个）	均值	标准差	25%分位数	中位数	75%分位数	最小值	最大值
2001	1071	0.0064	0.0101	0.0000	0.0000	0.0200	0.0000	0.0667
2002	1113	0.0219	0.0116	0.0200	0.0200	0.0200	0.0000	0.0667
2003	1175	0.0131	0.0124	0.0000	0.0196	0.0196	0.0000	0.0588
2004	1245	0.0103	0.0108	0.0000	0.0196	0.0196	0.0000	0.0588
2005	1299	0.0049	0.0095	0.0000	0.0000	0.0000	0.0000	0.0612
2006	1282	0.0139	0.0122	0.0000	0.0204	0.0222	0.0000	0.0513
2007	1344	0.0019	0.0060	0.0000	0.0000	0.0000	0.0000	0.0333
2008	1466	0.0148	0.0122	0.0000	0.0192	0.0192	0.0000	0.0541
2009	1509	0.0033	0.0075	0.0000	0.0000	0.0000	0.0000	0.0392

续表

年份	观测值（个）	均值	标准差	25%分位数	中位数	75%分位数	最小值	最大值
2010	1761	0.0101	0.0103	0.0000	0.0000	0.0196	0.0000	0.0444
2011	2072	0.0037	0.0082	0.0000	0.0000	0.0000	0.0000	0.0526
2012	2307	0.0055	0.0093	0.0000	0.0000	0.0196	0.0000	0.0500
2013	2379	0.0033	0.0076	0.0000	0.0000	0.0000	0.0000	0.0392
2014	2399	0.0235	0.0139	0.0189	0.0200	0.0377	0.0000	0.0625
2015	2492	0.0052	0.0098	0.0000	0.0000	0.0000	0.0000	0.0571
2016	2610	0.0026	0.0071	0.0000	0.0000	0.0000	0.0000	0.0408
2017	2998	0.0054	0.0099	0.0000	0.0000	0.0000	0.0000	0.0606
总计	30522	0.0082	0.0119	0.0000	0.0000	0.0196	0.0000	0.0667

表 2 – 11　　*CRASHFRQ* 的分行业描述性统计——0.5%分位数

行业	观测值（个）	均值	标准差	25%分位数	中位数	75%分位数	最小值	最大值
A	453	0.0083	0.0121	0.0000	0.0000	0.0196	0.0000	0.0417
B	911	0.0073	0.0115	0.0000	0.0000	0.0196	0.0000	0.0444
C	17860	0.0081	0.0119	0.0000	0.0000	0.0196	0.0000	0.0667
D	1416	0.0084	0.0121	0.0000	0.0000	0.0196	0.0000	0.0500
E	835	0.0085	0.0125	0.0000	0.0000	0.0196	0.0000	0.0600
F	2093	0.0088	0.0119	0.0000	0.0000	0.0196	0.0000	0.0600
G	1161	0.0085	0.0119	0.0000	0.0000	0.0196	0.0000	0.0667
H	138	0.0097	0.0117	0.0000	0.0000	0.0196	0.0000	0.0417
I	1762	0.0082	0.0116	0.0000	0.0000	0.0196	0.0000	0.0612
K	1909	0.0083	0.0116	0.0000	0.0000	0.0196	0.0000	0.0588
L	429	0.0084	0.0118	0.0000	0.0000	0.0196	0.0000	0.0513
M	205	0.0074	0.0112	0.0000	0.0000	0.0196	0.0000	0.0400
N	393	0.0091	0.0127	0.0000	0.0000	0.0196	0.0000	0.0571
P	33	0.0072	0.0097	0.0000	0.0000	0.0196	0.0000	0.0217
Q	104	0.0078	0.0116	0.0000	0.0000	0.0196	0.0000	0.0392
R	430	0.0088	0.0118	0.0000	0.0000	0.0196	0.0000	0.0444
S	390	0.0085	0.0116	0.0000	0.0000	0.0196	0.0000	0.0417
总计	30522	0.0082	0.0119	0.0000	0.0000	0.0196	0.0000	0.0667

表 2 – 12　　　　***CRASHFRQ*** 的分年度描述性统计——1%分位数

年份	观测值（个）	均值	标准差	25%分位数	中位数	75%分位数	最小值	最大值
2001	1071	0.0116	0.0123	0.0000	0.0200	0.0200	0.0000	0.0667
2002	1113	0.0311	0.0133	0.0200	0.0400	0.0400	0.0000	0.0667
2003	1175	0.0213	0.0141	0.0196	0.0196	0.0392	0.0000	0.0588
2004	1245	0.0159	0.0120	0.0000	0.0196	0.0196	0.0000	0.0625
2005	1299	0.0102	0.0126	0.0000	0.0000	0.0204	0.0000	0.0612
2006	1282	0.0179	0.0134	0.0000	0.0213	0.0227	0.0000	0.0667
2007	1344	0.0046	0.0090	0.0000	0.0000	0.0000	0.0000	0.0476
2008	1466	0.0222	0.0133	0.0192	0.0192	0.0385	0.0000	0.0789
2009	1509	0.0066	0.0099	0.0000	0.0000	0.0196	0.0000	0.0600
2010	1761	0.0129	0.0107	0.0000	0.0196	0.0196	0.0000	0.0444
2011	2072	0.0074	0.0110	0.0000	0.0000	0.0196	0.0000	0.0625
2012	2307	0.0093	0.0116	0.0000	0.0000	0.0196	0.0000	0.0588
2013	2379	0.0065	0.0101	0.0000	0.0000	0.0192	0.0000	0.0577
2014	2399	0.0278	0.0139	0.0189	0.0377	0.0377	0.0000	0.0667
2015	2492	0.0080	0.0116	0.0000	0.0000	0.0192	0.0000	0.0600
2016	2610	0.0053	0.0098	0.0000	0.0000	0.0000	0.0000	0.0612
2017	2998	0.0090	0.0121	0.0000	0.0000	0.0196	0.0000	0.0606
总计	30522	0.0124	0.0140	0.0000	0.0000	0.0200	0.0000	0.0789

表 2 – 13　　　　***CRASHFRQ*** 的分行业描述性统计——1%分位数

行业	观测值（个）	均值	标准差	25%分位数	中位数	75%分位数	最小值	最大值
A	453	0.0125	0.0145	0.0000	0.0000	0.0200	0.0000	0.0600
B	911	0.0110	0.0133	0.0000	0.0000	0.0196	0.0000	0.0600
C	17860	0.0123	0.0140	0.0000	0.0000	0.0200	0.0000	0.0667
D	1416	0.0127	0.0143	0.0000	0.0000	0.0200	0.0000	0.0638
E	835	0.0119	0.0142	0.0000	0.0000	0.0196	0.0000	0.0625
F	2093	0.0130	0.0139	0.0000	0.0192	0.0200	0.0000	0.0600
G	1161	0.0125	0.0141	0.0000	0.0000	0.0200	0.0000	0.0789
H	138	0.0130	0.0136	0.0000	0.0192	0.0200	0.0000	0.0588
I	1762	0.0127	0.0137	0.0000	0.0189	0.0200	0.0000	0.0645

续表

行业	观测值（个）	均值	标准差	25%分位数	中位数	75%分位数	最小值	最大值
K	1909	0.0126	0.0139	0.0000	0.0189	0.0200	0.0000	0.0625
L	429	0.0134	0.0146	0.0000	0.0192	0.0204	0.0000	0.0600
M	205	0.0125	0.0140	0.0000	0.0000	0.0200	0.0000	0.0600
N	393	0.0133	0.0146	0.0000	0.0192	0.0200	0.0000	0.0577
P	33	0.0132	0.0145	0.0000	0.0189	0.0200	0.0000	0.0400
Q	104	0.0118	0.0137	0.0000	0.0000	0.0196	0.0000	0.0400
R	430	0.0135	0.0145	0.0000	0.0192	0.0204	0.0000	0.0600
S	390	0.0133	0.0135	0.0000	0.0192	0.0200	0.0000	0.0612
总计	30522	0.0124	0.0140	0.0000	0.0000	0.0200	0.0000	0.0789

在 0.1%、0.5% 和 1% 分位数临界值下，个股暴跌实际发生的最高频率分别为 5.13%、6.67% 和 7.89%，相当于一年中尾部极端值出现的次数最多为 2~4 次，差别不大。

2.2.5 崩盘风险度量指标的相关性

表 2-14 至表 2-16 概括了本章所计算的 4 个崩盘风险度量指标之间的 Pearson 相关系数。其中，$CRASH$ 和 $CRASHFRQ$ 分别取 0.1%、0.5% 和 1% 分位数临界值下的计算结果。

表 2-14 崩盘风险度量指标的相关性——0.1%分位数

	NCSKEW	DUVOL	CRASH	CRASHFRQ
NCSKEW	1.0000			
DUVOL	0.9441 (0.0000)	1.0000		
CRASH	0.5492 (0.0000)	0.4374 (0.0000)	1.0000	
CRASHFRQ	0.5694 (0.0000)	0.4577 (0.0000)	0.9702 (0.0000)	1.0000

注：相关系数下方的数值为 p 值。

表 2 – 15　　　　　　崩盘风险度量指标的相关性——0.5%分位数

	NCSKEW	DUVOL	CRASH	CRASHFRQ
NCSKEW	1.0000			
DUVOL	0.9441 (0.0000)	1.0000		
CRASH	0.5124 (0.0000)	0.4224 (0.0000)	1.0000	
CRASHFRQ	0.5636 (0.0000)	0.4751 (0.0000)	0.9352 (0.0000)	1.0000

注：相关系数下方的数值为 p 值。

表 2 – 16　　　　　　崩盘风险度量指标的相关性——1%分位数

	NCSKEW	DUVOL	CRASH	CRASHFRQ
NCSKEW	1.0000			
DUVOL	0.9441 (0.0000)	1.0000		
CRASH	0.4646 (0.0000)	0.3873 (0.0000)	1.0000	
CRASHFRQ	0.5250 (0.0000)	0.4537 (0.0000)	0.8928 (0.0000)	1.0000

注：相关系数下方的数值为 p 值。

　　4 个指标互相之间呈现显著的正相关性，表明它们对个股崩盘风险的度量有相通之处。其中，NCSKEW 和 DUVOL 之间的相关系数高达 0.9441，非常显著，可见二者对个股崩盘风险的刻画在本质上颇为类似。

　　0.1%、0.5% 和 1%分位数下，CRASH 和 CRASHFRQ 之间的相关系数高达 0.9702、0.9352 和 0.8928。正如前面对 CRASH 和 CRASHFRQ 指标计算的说明，这二者的高度相关性是可以预见的。

　　NCSKEW（或 DUVOL）与 CRASH（或 CRASHFRQ）之间的相关系数约在 0.5 左右，可见这两类指标对个股崩盘风险特性的刻画并不完全一致。通过前面的分析可知，NCSKEW 和 DUVOL 更偏重于刻画公司特定收益率整体分布的负偏性，CRASH 和 CRASHFRQ 更偏重于公司特定收益率尾部分布的分位数或者尾部频率。

第3章

信息透明度与股价崩盘风险

第 2 章对中国 A 股上市公司股价崩盘风险应用多个指标进行了实证测算和分析。第 1 章中理论模型的分析预测，信息不透明度或者投资者异质信念的提高会导致公司特定收益更易呈现负偏特性，从而加大股价崩盘风险。大量实证研究都是基于这一理论基础进一步展开，揭示内部管理者的哪些行为或个人特征、投资者的哪些交易行为或外部制度环境等因素更有助于管理层隐瞒信息，提高信息不透明度或加大异质信念程度，从而提高股价崩盘风险。逻辑线索大致可概括为如下传导链条：

公司内外部因素→信息不透明度→股价崩盘风险

其中，信息不透明度与股价崩盘风险之间的正相关性往往作为默认前提，大量经验研究多集中于前半部分。然而信息透明度本身是个较为抽象的概念，难以全局观测和度量，本章试图利用中国 A 股市场数据，从多个维度对信息不透明度与股价崩盘风险之间的关系开展实证检验。

此外，如前所述，信息透明度与股价崩盘风险之间，理论上存在非线性的可能。目前占据主流地位的观点是信息透明度的提高有助于降低代理成本，从而降低股权融资成本、改善市场表现和财务绩效、降低崩盘风险。但近年来也有少量关于信息透明度提高会带来负面经济效果的研究发现。如麦克尼科尔斯和斯图宾（McNichols and Stubbon，2015）发现，在收购交易中目标公司较高质量的财务信息披露会损害公司股东的利益；霍利尔、罗森道夫和弗里兰（Hollyer, Rosendorff and Vreeland，2015）发现，在威权国家中，经济信息的透明度能够触发集体行动，造成政权不稳定。

本章也试图利用中国 A 股市场数据，从信息透明度与股价崩盘风险之间是否存在非线性关系进行实证检验。

3.1　信息透明度：概念与度量

信息披露是降低信息不对称的重要渠道。信息披露指公司管理层向股东、债权人以及其他利益相关者公开发布信息，包括监管规则要求的强制性信息披露和额外的自愿性信息披露。美国 SEC 于 1996 年 4 月发布关于 IASC "核心准则" 的声明中，首次正式提出 "信息透明度" 这一术语①，之后信息透明度逐渐取代信息披露水平成为该研究领域的主流术语。公司信息透明度通常理解为 "可靠相关的反映上市公司经营成果、财务状况、投资机会和风险、公司治理和价值等信息的可获得程度" （Bushman and Smith，2003）。

由于信息披露水平或者信息透明度是一个较为抽象的概念，难以用全局特征加以观测和度量。既有研究一般选择某些局部特征作为信息透明度的度量。既有研究中对微观层面公司信息透明度度量的常用代理变量包括以下四类：

（1）基于会计财务报告质量（尤其是盈余质量）的度量。一般而言，盈余管理越强的公司，财务报告质量越差，信息透明度越低。盈余管理包括应计项目盈余管理和真实盈余管理。应计盈余管理已经成为国内外相关研究中通常使用的信息透明度测度（Dechow et al.，1995；王亚平等，2009；金智，2010）。

（2）基于金融市场信息的度量，如股价同质性波动、股价特质性波动。根据有效市场理论，股价反应信息，则股价波动应反映信息的冲击。未能被市场和行业层面的信息所解释的股价特质性波动是由公司的特质信息引起的，因此股价特质性波动可以作为股价中公司特质信息含量的测

---

① Bushman R. and Smith J.，"Transparency, financial accounting information and corporate governance"，*FRBNY Economic Policy Review*，2003 April，p. 76.

度。股价特质性波动越高，公司信息透明度越高；股价同质性波动越高，公司信息不透明度越高（Roll，1988；Morck et al.，2000；Durnev et al.，2003；Ferreira and Laux，2007）。

（3）由研究者自行设计或权威研究机构发布的信息披露指数，如国内南开大学公司治理研究中心、北京师范大学公司治理与企业发展研究中心编制过中国上市公司信息披露指数；深圳证券交易所（以下简称"深交所"）自2001年起对在本所交易的上市公司的信息披露进行年度考评并将结果在官网上发布。这类指标往往从真实性、准确性、完整性、及时性、合法合理性、公平性等多个维度对信息披露的质量加以考评，综合考虑财务信息和非财务信息，但是更新频率较慢，一年一次（曾颖、陆正飞，2006；方军雄，2007；张宗新、杨飞、袁庆海，2007）。

（4）较为间接的信息透明度代理变量，如分析师关注程度、媒体报道等。

本章采用了前三类方法中的代表性指标对个股层面的信息不透明度加以测算和实证分析，具体构造方法如下：

1. 基于会计报表信息披露的不透明度指标（OPACITY）

以修正的琼斯模型计算应计盈余管理 DACCR，具体步骤如下：

（1）计算应计盈余（Current accruals，ACCR）：

$$ACCR_{i,t} = NI_{i,t} - OPRCF_{i,t} \tag{3.1}$$

其中，NI 代表净利润，OPRCF 代表公司经营活动产生的现金流量净额。

（2）计算非可操纵性应计盈余（non-discretionary accruals，NDACCR）：

首先，根据修正琼斯模型，使用同年度同行业所有上市公司的数据，对年度 t 公司 i 的应计利润进行回归分析：

$$\frac{ACCR_{i,t}}{TA_{i,t-1}} = \beta_0 \frac{1}{TA_{i,t-1}} + \beta_1 \frac{\Delta SALES_{i,t}}{TA_{i,t-1}} + \beta_2 \frac{PPE_{i,t}}{TA_{i,t-1}} + \varepsilon_{i,t} \tag{3.2}$$

其中，$TA_{j,t-1}$ 为 i 公司 t-1 年末总资产，$\Delta SALES_{i,t}$ 为 i 公司 t 年销售收入增加额，$PPE_{j,t}$ 为 i 公司 t 年末固定资产净值。

然后，利用上面的回归系数，分年度分行业计算 NDACCR：

$$NDACCR_{i,t} = \hat{\beta}_0 \frac{1}{TA_{i,t-1}} + \hat{\beta}_1 \frac{\Delta SALES_{i,t} - \Delta AR_{i,t}}{TA_{i,t-1}} + \hat{\beta}_2 \frac{PPE_{i,t}}{TA_{i,t-1}} \tag{3.3}$$

其中，$\Delta AR_{i,t}$ 为应收账款净值增加额。

（3）计算可操纵性应计盈余管理（discretionary accruals，DACCR）：

$$DACCR_{i,t} = \frac{ACCR_{i,t}}{TA_{i,t-1}} - NDACCR_{i,t} \qquad (3.4)$$

参考赫顿等（Hutton et al.，2009）的研究，本章采用可操纵性应计利润的三年移动合计数据来测算公司的会计信息质量：

$$Opacity_{i,t} = abs(DACCR_{i,t}) + abs(DACCR_{i,t-1}) + abs(DACCR_{i,t-2}) \qquad (3.5)$$

$DACCR$ 这一指标的构建思路可以理解如下：来自公司财务报表的净利润数据有可能经过多重"污染"，如何清理干净"污染"呢？净利润超过公司经营活动产生的净现金流的部分是值得怀疑的，超出部分可能有两个原因：一是公司正常经营活动带来的，如销售额变动、应收账款变动、固定资产的折旧摊销变动等，可以用式（3.3）做出平均水平的预测；二是会计技术手段带来的，为了适应不同公司之间的差异，该指标采用总资产进行标准化，以得到可比指标，如式（3.4）所示。

2. 基于金融市场股价同步性波动的不透明度指标（$SYNCH$）

股价同步性 R^2 可通过第 2 章中扩展的指数模型式（2.1）回归得到，表示了宏观层面信息能够解释的价格波动部分，则 $1 - R^2$ 自然就代表了公司特质信息带来的波动。自罗尔（1988）首次提出用 R^2 度量股价同步性波动以及 $1 - R^2$ 度量公司特质性波动以来，诸多学者对信息透明度与公司同步性波动 R^2 之间的关系进行了研究，大部分研究结果支持公司同步性波动越低、公司信息透明度越高，公司特质性波动具有信息含量（Morck，Yeung and Yu，2000；Jin and Myers，2006；Hutton et al.，2009；袁知柱、鞠晓峰，2008；金智，2010；肖浩等，2011）。

由于 R^2 和 $1 - R^2$ 的取值受限，只能在 0 和 1 之间，遵循通常做法将其按式（3.6）进行对数变化，得到股价同质性信息度量 $SYNCH$。$SYNCH$ 越高，价格中反映的公司特质信息的比例越低，公司信息透明度越差。

$$SYNCH_{i,t} = \ln\left(\frac{R_{i,t}^2}{1 - R_{i,t}^2}\right) \qquad (3.6)$$

3. 基于交易所官方信息披露考评结果的综合信息透明度（$RATING$）

深交所从 2001 年开始对本所上市公司开展信息披露年度考评，并将考评结果公布于官方网站。上海证券交易所（以下简称"上交所"）自 2015 年开始也对上市公司的信息披露进行考评。但由于样本期短，且考评结果仅对上市公司自身和证监会等监管部门通报，在官网上难以取得公开数据。故本章在使用信息披露考评结果这一指标作为信息透明度的代理指标进行实证检验时，使用的样本为深交所上市公司。

深交所的信息披露考评从真实性、准确性、完整性、及时性、合法合规性、公平性六个维度开展，考评结果分为 A、B、C、D 四个等级，对应优秀、良好、及格和不及格。该考评结果作为信息透明度度量的优势在于：（1）深交所的考评几乎覆盖了上市公司在特定年度的所有信息披露行为，而非仅针对年报等单一披露方式；（2）不仅关注披露数量，还关注披露质量，深交所庞大的信息搜集系统保证了其考评具有相当的权威性。可从深交所网站（www.szse.cn）"信息披露"栏目下"监管信息公开"中获得深交所 A 股上市公司 2001 年以来的信息披露考评结果。

3.2 中国 A 股市场信息透明度的实证测算

3.2.1 应计盈余管理（*DACCR*）

通过 3.1 节对应计盈余管理 *DACCR* 指标的讨论可以看出，*DACCR* 的经济意义可以理解为会计技术手段调整带来的部分与总资产之比。理论上 *DACCR* 的均衡值应为 0，实际的 *DACCR* 不论为正或为负，都是对均衡状态的偏离，可使用绝对值度量其偏离程度。如果 *DACCR* 不取绝对值，在进行样本的描述性统计时，可能会产生误解。例如，各公司的 *DACCR* 有正有负，取均值后总体接近于 0，但凭此不能推断各公司的应计盈余管理程度很低；然而，在对 *DACCR* 取绝对值后再进行统计，如取均值，如果总体均值接近于 0，凭此可推断绝大部分公司的应计盈余管理程度很低。

3.1 节所述 *OPACITY* 指标是对 *DACCR* 取绝对值之后的 3 年移动之和，主要是为了尽量平滑波动，以减少对回归分析的干扰。本节讨论的是 *DAC-CR* 的绝对值，3.3 节回归分析中将使用 *OPACITY* 指标。

表3-1和表3-2分别概括了中国 A 股上市公司2002～2017 年 *DAC-CR* 绝对值的分年度和分行业统计（由于财务数据的披露往往滞后一年，如2018 年才公布2017 年财报，故样本数据开始于2002 年）。*DACCR* 与总资产之比总体均值约为9.48%，相对较高。从年度变化看，如图3-1所示，*DACCR* 在2002～2011 年间呈上升趋势，在2011 年达到顶峰，之后一路下降，到2017 年间达到历史最低值6.74%。这可能与企业会计准则在2010 的修改有关。分行业看，各行业之间 *DACCR* 差异较大。图3-2是对 *DACCR* 行业均值的排序，可以直观看出，*DACCR* 最高的行业集中在 R（文化、体育和娱乐业）、P（教育）和 K（房地产业），以周期敏感型行业为主；最低的行业集中在 D（电力、热力、燃气及水生产和供应业）、H（住宿和餐饮业）、G（交通运输、仓储和邮政业），以基础设施行业为主。

表3-1　　　　　　　　　　**DACCR 的描述性统计——分年度**

年份	观测值（个）	均值	标准差	25%分位数	中位数	75%分位数	最小值	最大值
2002	1092	0.0811	0.1070	0.0213	0.0527	0.1000	0.0000	1.2180
2003	1154	0.0785	0.1080	0.0206	0.0479	0.0931	0.0002	1.3580
2004	1199	0.0836	0.0986	0.0230	0.0552	0.1070	0.0001	1.2820
2005	1293	0.0764	0.0909	0.0226	0.0515	0.0979	0.0000	1.1360
2006	1279	0.0737	0.0913	0.0230	0.0468	0.0927	0.0000	1.2360
2007	1304	0.1030	0.1350	0.0263	0.0611	0.1240	0.0001	2.1690
2008	1425	0.1180	0.1280	0.0409	0.0844	0.1520	0.0001	1.4120
2009	1507	0.1110	0.2750	0.0260	0.0575	0.1180	0.0001	7.4430
2010	1655	0.1260	0.1450	0.0405	0.0896	0.1630	0.0001	2.0530
2011	1992	0.1640	0.2860	0.0466	0.1080	0.2100	0.0001	8.2040
2012	2243	0.0844	0.1910	0.0215	0.0474	0.0907	0.0000	5.2750
2013	2379	0.0980	0.2510	0.0323	0.0680	0.1150	0.0000	10.1000
2014	2398	0.0987	0.2160	0.0327	0.0675	0.1240	0.0002	9.0600
2015	2377	0.0817	0.1620	0.0239	0.0523	0.0894	0.0001	3.9490
2016	2562	0.0778	0.5690	0.0186	0.0425	0.0830	0.0000	28.4800
2017	2849	0.0674	0.0975	0.0196	0.0432	0.0833	0.000	1.8880
总计	28708	0.0948	0.2430	0.0255	0.0577	0.1130	0.0000	28.4800

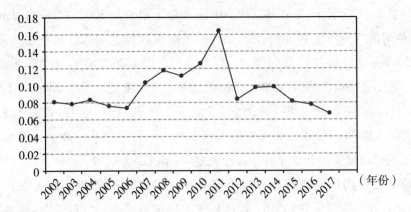

图 3-1 *DACCR* 年度均值变化

表 3-2   *DACCR* 的描述性统计——分行业

行业	观测值（个）	均值	标准差	25%分位数	中位数	75%分位数	最小值	最大值
A	424	0.0845	0.0789	0.0310	0.0645	0.1120	0.0002	0.6190
B	864	0.0949	0.1090	0.0290	0.0595	0.1200	0.0010	0.7760
C	16807	0.0872	0.1540	0.0252	0.0573	0.1090	0.0000	10.1000
D	1334	0.0565	0.0701	0.0157	0.0372	0.0724	0.0001	0.8970
E	788	0.0952	0.1350	0.0252	0.0611	0.1210	0.0000	1.9780
F	1962	0.0849	0.1050	0.0266	0.0556	0.1080	0.0002	1.3730
G	1093	0.0720	0.0986	0.0196	0.0440	0.0851	0.0000	1.0600
H	130	0.0645	0.0836	0.0165	0.0389	0.0777	0.0003	0.4230
I	1669	0.0858	0.1180	0.0259	0.0551	0.1030	0.0000	1.9870
K	1780	0.1850	0.4130	0.0409	0.0942	0.1920	0.0001	8.2040
L	408	0.1290	0.2130	0.0307	0.0751	0.1530	0.0001	2.5750
M	193	0.1030	0.0973	0.0375	0.0721	0.1460	0.0002	0.7550
N	366	0.1150	0.2100	0.0348	0.0685	0.1210	0.0004	2.8670
P	31	0.2310	0.4570	0.0248	0.0771	0.2130	0.0025	1.8880
Q	95	0.1090	0.1230	0.0254	0.0524	0.1420	0.0010	0.5060
R	404	0.2330	1.4340	0.0367	0.0917	0.1990	0.0003	28.4800
S	360	0.0989	0.1140	0.0230	0.0631	0.1270	0.0006	0.8730
总计	28708	0.0948	0.2430	0.0255	0.0577	0.1130	0.0000	28.4800

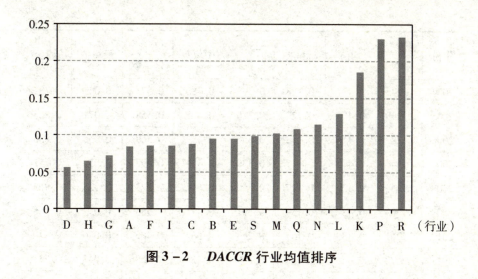

图 3 - 2　*DACCR* 行业均值排序

3.2.2　市场同步性波动 R^2

表 3 - 3 概括了中国 A 股上市公司 2001～2017 年市场同步性波动 R^2 的分年度统计。长期来看，如图 3 - 3 所示，A 股市场同步性波动 R^2 呈现缓慢的下降趋势，同时伴随均值回复特性。R^2 在 2014 年和 2017 年达到历史低水平，低于 0.3。总体而言，A 股市场平均的同步性波动 R^2 为 0.428，相比于 1994～2001 年的平均水平（0.47）有所下降，但仍处于世界各国股市同步性波动的较高水平。表 3 - 4 列示了金和迈尔斯（2006）利用 1990～2001 年数据测算的世界 40 个国家和地区的市场同步性波动 R^2。可以看出，发达资本市场的股市同步性波动 R^2 基本在 0.3 以下，中国 A 股市场仍有较大差距。

表 3 - 3　　市场同步性波动 R^2 的描述性统计——分年度

年份	观测值（个）	均值	标准差	25%分位数	中位数	75%分位数	最小值	最大值
2001	1071	0.550	0.176	0.444	0.581	0.684	0.049	0.894
2002	1113	0.645	0.173	0.550	0.687	0.775	0.025	0.916
2003	1175	0.441	0.150	0.341	0.455	0.551	0.041	0.792

续表

年份	观测值（个）	均值	标准差	25%分位数	中位数	75%分位数	最小值	最大值
2004	1245	0.477	0.128	0.393	0.480	0.573	0.062	0.782
2005	1299	0.464	0.129	0.375	0.475	0.558	0.071	0.805
2006	1282	0.456	0.152	0.356	0.459	0.569	0.035	0.835
2007	1344	0.410	0.117	0.330	0.414	0.492	0.052	0.751
2008	1466	0.629	0.127	0.550	0.646	0.722	0.126	0.903
2009	1509	0.484	0.139	0.391	0.491	0.585	0.037	0.868
2010	1761	0.380	0.157	0.264	0.367	0.485	0.046	0.870
2011	2072	0.455	0.137	0.359	0.458	0.553	0.048	0.831
2012	2307	0.438	0.149	0.334	0.440	0.546	0.026	0.828
2013	2379	0.317	0.156	0.194	0.298	0.421	0.013	0.804
2014	2399	0.235	0.128	0.140	0.211	0.302	0.005	0.850
2015	2492	0.527	0.137	0.441	0.536	0.625	0.053	0.888
2016	2610	0.447	0.160	0.337	0.455	0.561	0.010	0.858
2017	2998	0.278	0.120	0.190	0.271	0.359	0.017	0.765
总计	30522	0.428	0.179	0.292	0.432	0.560	0.005	0.916

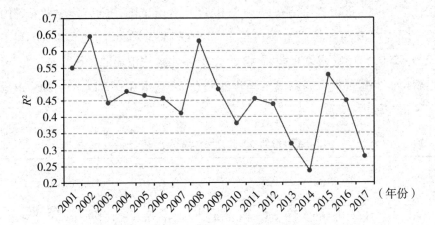

图 3－3　市场同步性波动 R^2 年度均值变化趋势

表 3 - 4　　　　　　　　世界 40 个国家和地区的市场 R^2 均值

国家和地区	样本期（年）	样本年份	等权重 R^2	市值加权 R^2
阿根廷	1994 ~ 2001	8	0.34	0.27
澳大利亚	1990 ~ 2001	12	0.25	0.22
德国	1990 ~ 2001	12	0.32	0.24
比利时	1990 ~ 2001	12	0.29	0.24
哥伦比亚	1992 ~ 2001	10	0.25	0.21
中国	1994 ~ 2001	8	0.47	0.38
智利	1990 ~ 2001	12	0.27	0.22
加拿大	1990 ~ 2001	12	0.24	0.21
捷克共和国	1994 ~ 2001	8	0.27	0.23
丹麦	1990 ~ 2001	12	0.24	0.20
西班牙	1990 ~ 2001	12	0.34	0.27
芬兰	1990 ~ 2001	12	0.29	0.22
法国	1990 ~ 2001	12	0.27	0.23
中国香港	1990 ~ 2001	12	0.32	0.27
匈牙利	1992 ~ 2001	10	0.34	0.24
印度	1990 ~ 2001	12	0.36	0.32
爱尔兰	1990 ~ 2001	12	0.26	0.20
日本	1990 ~ 2001	12	0.33	0.28
韩国	1990 ~ 2001	12	0.33	0.28
卢森堡	1992 ~ 2001	10	0.26	0.22
墨西哥	1990 ~ 2001	12	0.31	0.24
马来西亚	1990 ~ 2001	12	0.37	0.29
荷兰	1990 ~ 2001	12	0.29	0.23
挪威	1990 ~ 2001	12	0.27	0.22
新西兰	1990 ~ 2001	12	0.27	0.22
澳大利亚	1990 ~ 2001	12	0.29	0.24
秘鲁	1994 ~ 2001	8	0.27	0.23
菲律宾	1990 ~ 2001	12	0.29	0.24
波兰	1994 ~ 2001	8	0.36	0.30
葡萄牙	1990 ~ 2001	12	0.25	0.20

续表

国家和地区	样本期（年）	样本年份	等权重 R^2	市值加权 R^2
俄罗斯	1995～2001	7	0.25	0.23
南非	1990～2001	12	0.27	0.23
瑞典	1990～2001	12	0.29	0.22
新加坡	1990～2001	12	0.34	0.27
瑞士	1990～2001	12	0.30	0.23
中国台湾	1999～2001	3	0.33	0.28
泰国	1990～2001	12	0.29	0.24
土耳其	1990～2001	12	0.42	0.34
英国	1990～2001	12	0.27	0.21
越南	1990～2001	12	0.41	0.32

资料来源：Jin, L., Myers, C. S., "R – Squared Around the World: New Theory and New Tests", *Journal of Financial Economics*, Vol. 79, 2006, pp. 257 – 292.

表3－5 概括了中国 A 股上市公司 2001～2017 年市场同步性波动 R^2 的分行业统计。分行业来看，如图3－4 所示，行业之间的同步性波动差别并不明显，这与中国 A 股市场运行受国家宏观政策影响较大、系统性风险较高的特性是相符的。

表3－5　　　　市场同步性波动 R^2 的描述性统计——分行业

行业	观测值（个）	均值	标准差	25%分位数	中位数	75%分位数	最小值	最大值
A	453	0.414	0.169	0.289	0.417	0.539	0.0164	0.850
B	911	0.464	0.180	0.340	0.468	0.597	0.0172	0.910
C	17860	0.420	0.178	0.284	0.422	0.551	0.0071	0.914
D	1416	0.464	0.179	0.332	0.473	0.599	0.0116	0.912
E	835	0.444	0.176	0.310	0.451	0.574	0.0187	0.916
F	2093	0.445	0.180	0.309	0.446	0.577	0.0258	0.911
G	1161	0.471	0.183	0.341	0.481	0.600	0.0267	0.873
H	138	0.443	0.168	0.311	0.462	0.570	0.0465	0.836
I	1762	0.383	0.177	0.243	0.382	0.514	0.0068	0.879

续表

行业	观测值（个）	均值	标准差	25%分位数	中位数	75%分位数	最小值	最大值
K	1909	0.460	0.177	0.329	0.470	0.596	0.0135	0.910
L	429	0.410	0.168	0.297	0.421	0.536	0.0472	0.789
M	205	0.382	0.152	0.270	0.399	0.478	0.0535	0.755
N	393	0.411	0.165	0.302	0.410	0.523	0.0425	0.862
P	33	0.469	0.186	0.344	0.495	0.592	0.0855	0.851
Q	104	0.417	0.175	0.297	0.408	0.528	0.0806	0.879
R	430	0.398	0.180	0.258	0.402	0.530	0.0366	0.901
S	390	0.464	0.177	0.338	0.468	0.591	0.0049	0.879
总计	30522	0.428	0.179	0.292	0.432	0.560	0.0049	0.916

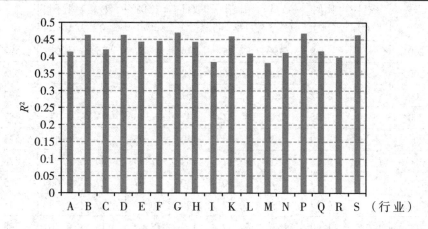

图 3 - 4　市场同步性波动 R^2 各行业均值

3.2.3　深交所信息披露考评结果（*RATING*）

表 3 - 6 概括了深交所自 2001 年以来对上市公司信息披露考评的总体结果。从表中可以看出，上市公司自 2001 年的 502 家增长到 2017 年的 2098 家，尤其是 2010 年创业板开启之后，增长速度尤为迅猛。如表 3 - 7 所示，信息披露考核结果为 A 的公司所占比例呈明显上升趋势，由最初的 6% 左右上升至近年的 20% 左右。考核结果为 B 的公司所占比例同样上升

明显，由最初的38%上升至近年的约2/3，成为信息披露考评的最主要群体。与之对应的是考核结果为C或D的公司所占比例大幅下降，由最初的55%下降至近年的16%左右。其中，考核结果为D（不合格）的公司所占比例在经历了2001～2013年的长期下降后，2014～2017年转而呈上升趋势，这一变化可能与监管向严趋势有关。总体而言，平均约80%的公司信息披露工作被评定为A或B（优或良），说明深交所开展信息披露考评工作是富有成效的，推动了上市公司信息披露工作的规范性。约2/3的上市公司信息披露考评结果为B（良好），成为市场主体，说明大部分公司虽然越来越重视信息披露工作，但在实际执行中仍以不犯规为主。

表3-6　　2001～2017年深交所信息披露考评结果——全部A股

年份	A		B		C		D		合计
	数目（个）	比例（%）	数目（个）	比例（%）	数目（个）	比例（%）	数目（个）	比例（%）	（个）
2001	30	5.98	193	38.45	244	48.61	35	6.97	502
2002	40	8.08	230	46.46	192	38.79	33	6.67	495
2003	41	8.32	261	52.94	167	33.87	24	4.87	493
2004	29	5.95	294	60.37	143	29.36	21	4.31	487
2005	52	9.79	296	55.74	149	28.06	34	6.40	531
2006	57	9.86	307	53.11	184	31.83	30	5.19	578
2007	67	9.93	351	52.00	230	34.07	27	4.00	675
2008	78	10.47	452	60.67	198	26.58	17	2.28	745
2009	95	11.90	538	67.42	147	18.42	18	2.26	798
2010	154	13.29	798	68.85	190	16.39	17	1.47	1159
2011	238	17.00	972	69.43	166	11.86	24	1.71	1400
2012	241	15.81	1074	70.47	189	12.40	20	1.31	1524
2013	300	19.67	1054	69.11	155	10.16	16	1.05	1525
2014	334	20.81	1094	68.16	145	9.03	32	1.99	1605
2015	362	20.85	1130	65.09	204	11.75	40	2.30	1736
2016	373	20.22	1210	65.58	210	11.38	52	2.82	1845
2017	379	18.06	1384	65.97	277	13.20	58	2.76	2098
总计	2870	15.77	11638	63.96	3190	17.53	498	2.74	18196

表3-7至表3-9分别概括了主板、中小板和创业板各年度的信息披露考评结果统计情况。从优良率（考评结果得A或B）来看，创业板最高，平均达89%；中小板次之，约为87%，与创业板几乎相同；主板最低，仅有70%。主板上市公司的合格率（考评结果得C）的比例明显高于中小板和创业板，前者高达26%，而后两者约在10%。主板上市公司的不合格率（考评结果D）的比例也明显偏高，约为4%，而中小板和创业板的不合格率仅为1.5%左右。这与投资者对主板市场上市公司为蓝筹股的既有印象不尽相符。

表3-7　　　　2001~2017年深交所信息披露考评结果——主板

年份	A		B		C		D		合计 (个)
	数目 (个)	比例 (%)	数目 (个)	比例 (%)	数目 (个)	比例 (%)	数目 (个)	比例 (%)	
2001	30	5.98	193	38.45	244	48.61	35	6.97	502
2002	40	8.08	230	46.46	192	38.79	33	6.67	495
2003	41	8.32	261	52.94	167	33.87	24	4.87	493
2004	29	5.95	294	60.37	143	29.36	21	4.31	487
2005	37	7.63	274	56.49	140	28.87	34	7.01	485
2006	39	8.18	241	50.52	168	35.22	29	6.08	477
2007	42	8.82	223	46.85	189	39.71	22	4.62	476
2008	44	9.30	255	53.91	158	33.40	16	3.38	473
2009	51	10.78	307	64.90	103	21.78	12	2.54	473
2010	54	11.44	314	66.53	91	19.28	13	2.75	472
2011	55	11.65	314	66.53	88	18.64	15	3.18	472
2012	56	11.94	319	68.02	80	17.06	14	2.99	469
2013	69	14.74	326	69.66	65	13.89	8	1.71	468
2014	86	18.38	309	66.03	58	12.39	15	3.21	468
2015	83	17.77	294	62.96	70	14.99	20	4.28	467
2016	82	17.60	282	60.52	85	18.24	17	3.65	466
2017	76	16.34	301	64.73	73	15.70	15	3.23	465
总计	914	11.27	4737	58.42	2114	26.07	343	4.23	8108

表 3－8   2005～2017 年深交所信息披露考评结果——中小板

年份	A		B		C		D		合计
	数目（个）	比例（%）	数目（个）	比例（%）	数目（个）	比例（%）	数目（个）	比例（%）	（个）
2005	15	32.61	22	47.83	9	19.57	0	0.00	46
2006	18	17.82	66	65.35	16	15.84	1	0.99	101
2007	25	12.56	128	64.32	41	20.60	5	2.51	199
2008	34	12.50	197	72.43	40	14.71	1	0.37	272
2009	44	13.54	231	71.08	44	13.54	6	1.85	325
2010	80	14.98	371	69.48	79	14.79	4	0.75	534
2011	137	21.17	453	70.02	49	7.57	8	1.24	647
2012	125	17.86	495	70.71	76	10.86	4	0.57	700
2013	151	21.51	478	68.09	67	9.54	6	0.85	702
2014	162	22.16	498	68.13	59	8.07	12	1.64	731
2015	182	23.42	512	65.89	69	8.88	14	1.80	777
2016	187	23.11	523	64.65	76	9.39	23	2.84	809
2017	187	20.26	579	62.73	131	14.19	26	2.82	923
总计	1347	19.91	4553	67.29	756	11.17	110	1.63	6766

表 3－9   2010～2017 年深交所信息披露考评结果——创业板

年份	A		B		C		D		合计
	数目（个）	比例（%）	数目（个）	比例（%）	数目（个）	比例（%）	数目（个）	比例（%）	（个）
2010	20	13.07	113	73.86	20	13.07	0	0.00	153
2011	46	16.37	205	72.95	29	10.32	1	0.36	281
2012	60	16.90	260	73.24	33	9.30	2	0.56	355
2013	80	22.54	250	70.42	23	6.48	2	0.56	355
2014	86	21.18	287	70.69	28	6.90	5	1.23	406
2015	97	19.72	324	65.85	65	13.21	6	1.22	492
2016	104	18.25	405	71.05	49	8.60	12	2.11	570
2017	116	16.34	504	70.99	73	10.28	17	2.39	710
总计	609	18.33	2348	70.68	320	9.63	45	1.35	3322

表3-10概括了分行业统计结果。分行业来看，各行业之间的信息披露考评结果有较大差异。平均优良率最高的行业为G（交通运输、仓储和邮政业）、M（科学研究和技术服务业）、I（信息传输、软件和信息技术服务业），平均优良率达80%以上。行业P（教育）的优良率最低，约为18%，但行业P（教育）在深交所只有1家上市公司，不便与大样本进行比较。除此之外，优良率最低的行业为H（住宿和餐饮业）。为供读者参考，各行业的分年度统计结果放入附录1。

表3-10　　　　　深交所信息披露考评结果——分行业

行业	A		B		C		D	
	数目（个）	比例（%）	数目（个）	比例（%）	数目（个）	比例（%）	数目（个）	比例（%）
A	16	6.53	150	61.22	61	24.90	18	7.35
B	33	9.30	212	59.72	94	26.48	16	4.51
C	1871	16.36	7457	65.21	1836	16.05	272	2.38
D	83	12.58	425	64.39	137	20.76	15	2.27
E	59	14.53	260	64.04	69	17.00	18	4.43
F	107	13.49	496	62.55	174	21.94	16	2.02
G	93	25.69	208	57.46	51	14.09	10	2.76
H	7	6.80	55	53.40	32	31.07	9	8.74
I	212	15.60	904	66.52	208	15.31	35	2.58
J	82	28.77	148	51.93	49	17.19	6	2.11
K	148	16.09	528	57.39	202	21.96	42	4.57
L	30	9.43	199	62.58	81	25.47	8	2.52
M	27	16.88	106	66.25	26	16.25	1	0.63
N	54	18.37	180	61.22	50	17.01	10	3.40
P	0	0.00	3	17.65	10	58.82	4	23.53
Q	26	9.45	179	65.09	60	21.82	10	3.64
S	6	4.65	81	62.79	37	28.68	5	3.88

3.3 深交所信息披露考评标准的沿革及比较

完善的信息披露是资本市场健康发展和有效监管的基础。3.2 节对深交所信息披露考评结果的统计分析表明，约 2/3 的上市公司信息披露考评结果为 B（良），占据了市场主体地位，这与深交所对信息披露工作的考核制度设计有直接关系。自 2001 年首次颁布《深圳证券交易所上市公司信息披露工作考核办法》以来，深交所分别在 2008 年、2011 年、2013 年和 2017 年对其进行了修订。

3.3.1 2001 年首次颁布

深交所为提高上市公司信息披露质量，于 2001 年 5 月首次颁布《深圳证券交易所上市公司信息披露工作考核办法》（以下简称《考核办法》）。根据《考核办法》，深交所以年度为考核周期，对当年上市满 6 个月的上市公司信息披露工作进行考核。考核标准包括四个方面：及时性、准确性、完整性、合法合规性。其中，及时性主要考核定期报告和临时报告的及时披露；准确性主要考核公告文稿关键文字与数字是否错误以及是否有歧义；完整性主要考核文件是否齐备、内容是否存在重大遗漏；合法合规性主要考察公告内容及程序是否符合相关法律法规。

3.3.2 2008 年修订情况

深交所 2008 年 12 月对《考核办法》进行了第一次修订。这次修订的背景有两个：一是 2006 年《企业会计准则》颁布，并于 2007 年 1 月 1 日起在上市公司首先实施，完善了会计信息披露的相关要求；二是 2007 年 A 股市场的牛市以及随之而来的崩盘，使投资者提高了对上市公司信息披露质量的要求。在此背景下，深交所出台了 2008 年修订版《考核办法》，主要变化如下：

（1）增加了考核维度。在 2001 版 4 个考核维度的基础上，增加了真实性和公平性。其中，真实性主要考察公告文稿是否以客观事实为依据，公平性主要考察公告事项是否存在单独披露或提前泄露。同时对及时性维度增加了对业绩快报的考核。这 6 个考核维度一直沿用至今。

（2）增加了负面清单。当年受到证监会行政处罚或深交所公开谴责以上处分的，相关上市公司的信息披露工作考核结果为不合格；当年受到深交所通报批评处分或发出监管函 3 次以上的，相关上市公司的信息披露考核结果不能评为优秀或良好；考核当年被深交所发出监管函的，相关上市公司的信息披露考核结果不能评为优秀。

（3）增加了对考核结果为合格、不合格的上市公司的监管措施。主要包括：要求公司相关董事、监事和高级管理人员参加培训；要求董事会秘书重新参加董事会秘书培训及资格考试；建议公司更换董事会秘书；约见相关人员等。

3.3.3　2011 年修订情况

深交所 2011 年 11 月对信息披露考评办法进行了第二次修订。这次修订的背景与深交所在信息时代创新监管和服务工作有关。深交所于 2010 年 1 月推出"上市公司投资者关系互动平台"，并于 2011 年 11 月推出升级版的"互动易"，旨在帮助投资者更为直接、快捷的与上市公司沟通。相比于 2008 年版，2011 年修订版的信息披露考评办法主要变化如下：

（1）信息披露工作考核采用公司自评与深交所考评相结合的方式进行，明确考核周期为上年 5 月 1 日至当年 4 月 30 日；

（2）考评结果由"优、良、合格、不合格"改为"A、B、C、D"四个等级；

（3）信息披露事务管理情况中，增加了关注董事会秘书是否具备相关规则规定的任职资格；

（4）在对上市公司信息披露工作考核时，增加两项关注：上市公司及其控股股东、实际控制人规范运作情况和上市公司回答本所"上市公司投资者关系互动平台"相关问题的情况；

（5）首次明确列示了考核结果不能评为 A 的 18 种情形、考核结果为

C 的 17 种情形和考核结果评为 D 的 8 种情形。

3.3.4 2013 年修订情况

深交所 2013 年 4 月对信息披露考评办法进行了第三次修订。相比于 2011 年版，2013 年修订版的信息披露考评办法变化较大，多个维度都增加了考核内容。具体包括：

(1) 真实性维度，增加了 1 条："公告相关备查文件是否存在伪造、变造等虚假情形"。

(2) 准确性维度，增加了 2 条："是否通过业务专区准确选择公告类别""是否通过业务专区准确录入业务参数"。

(3) 完整性维度，增加了 2 条："是否通过业务专区完整选择公告类别""是否通过业务专区完整录入业务参数"。

(4) 及时性维度，增加了 1 条："是否在规定期限内披露业绩预告及修正公告"。

(5) 公平性维度，增加了 2 条："公告事项披露前公司股票交易是否因信息泄密出现异常""公司是否在投资者关系活动结束后及时通过深交所'互动易'网站披露《投资者关系活动记录表》和相关附件"。

(6) 明确列示考核结果不能评为 A 的 19 种情形，相比于 2011 年版增加了 1 种情形（未按照规定及时披露年度内部控制自我评价报告，或按规定应当聘请会计师事务所对内部控制设计与运行的有效性进行审计但未聘请会计师事务所进行审计的）；考评结果为 C 的 18 种情形，相比于 2011 年版增加了 1 种情形（公司披露的利润分配和资本公积金转增股本方案与有关法律法规或公司确定的利润分配政策、利润分配计划、股东长期回报规划以及做出的相关承诺不符）；考评结果为 D 的 10 种情形，相比于 2011 年版增加了 2 种情形（财务会计报告存在重大会计差错或者虚假记载，被监管部门责令改正但未在规定期限内改正的；公司存在相关证券应当被实施退市风险警示、其他风险警示或被暂停上市、终止上市的情形，但不及时向本所报告并对外披露的）。表 3 - 11 概括了上市公司信息披露自评表各年修订版，其中带波浪线的为 2013 年修订版相比于 2011 年版的新增情形，不带波浪线的即为 2011 年修订版既有内容。

表3-11 上市公司信息披露工作自评表——2013年版与2017年版对比

考核情形	序号	2013年版	2017年版
不得评为A	1	考核期间不满12个月	同2013年
	2	对已在指定媒体发布的信息披露文件进行补充或更正达到两次以上	对已在指定媒体发布的信息披露文件进行二次以上补充或更正，且补充或更正的比例达到或超过5%
	3	年度财务报告或半年度财务报告被注册会计师出具非标准审计报告	同2013年
	4	年度业绩快报或年度业绩预告（如业绩快报或业绩预告为准）与年度报告披露的财务数据差异达到20%以上，以在规定期限内最终修正的数据为准，与年度报告披露的财务数据差异达到20%以上，且绝对金额达到200万元（人民币，下同）以上	同2013年
	5	发生会计差错或发现前期会计差错，影响损益的金额占调整后归属于上市公司股东的净利润的比例达到20%以上，且绝对金额达到200万元以上	同2013年
	6	定期报告未能按照预约日期及时披露，导致公司股票及其衍生品种停牌	同2013年
	7	公司或其控股股东、实际控制人的相关人员违反公平信息披露原则，导致公共传媒出现关于公司未披露的重大信息，公司股票及其衍生品种停牌	同2013年
	8	按规定应当披露社会责任报告的，未按照规定及时披露	按规定应当披露社会责任报告的，未按照规定及时披露或披露的社会责任报告内容不符合相关规定

续表

考核情形	序号	2013年版	2017年版
不得评为A	9	未按照规定及时披露年度内部控制自我评价报告，或按规定应当聘请会计师事务所对内部控制设计与运行有效性进行审计但未聘请会计师事务所进行审计的	同2013年
	10	公司董事、监事、高级管理人员、控股股东、实际控制人未能积极配合公司信息披露工作，包括但不限于未按时答复公司关于市场传闻的求证，向公司提供相关资料，未能及时通报相关信息和重大事项申报和信息披露义务等	同2013年
	11	公司董事、监事、高级管理人员、控股股东、实际控制人未按规定向本所报备《声明及承诺书》，或向本所报备或披露的《声明及承诺书》及《履历表》及个人简历陈述或重大遗漏在性假记载、误导性陈述或重大遗漏	同2013年
	12	董事会秘书空缺（指定董事或高级管理人员代行董事会秘书职责以及由董事长代行董事会秘书职责的情形均视为董事会秘书空缺）累计时间超过三个月	同2013年
	13	未经履行审批程序或信息披露义务向董事、监事、高级管理人员、控股股东、实际控制人及其关联方非经营性提供资金	向董事、监事、高级管理人员、控股股东、实际控制人及其关联方非经营性提供资金
	14	未经履行审批程序或信息披露义务对外提供担保，变更募集资金用途，进行证券投资或风险投资、财务资助，进行证券投资或风险投资，变更募集资金用途等	同2013年

续表

考核情形	序号	2013年版	2017年版
	15	最近一个会计年度首次公开发行股票上市的公司，上市当年营业利润比上年下滑50%以上	同2013年
	16	最近一个会计年度公司实现的盈利低于盈利预测数（如有）的80%	同2013年
	17	公司因违规行为被本所出具监管函或被约见谈话	同2013年
	18	公司董事、监事、高级管理人员、控股股东、实际控制人受到中国证监会行政处罚，本所公开谴责或通报批评处分，或被本所累计两次以上出具监管函	同2013年
不得评为A	19	因涉嫌违反相关证券法规，公司或其董事、监事、高级管理人员、控股股东、实际控制人被有权机关立案调查	同2013年
	20		公司的相关人员违反公平信息披露原则，导致公共传媒出现关于公司未披露的重大信息，公司股票及其衍生品种停牌
	21		因涉嫌违反其相关证券法规，公司被有权机关立案调查
	22		公司或其相关人员未能积极配合本所监管工作，包括但不限于未按时回复本所问询，未按照本所要求进行整改，未按照要求接受本所指定的约见谈话，公司反应生异常情况时未及时、主动向本所报告，董事会秘书、证券事务代表未与本所保持畅通的联络渠道
	23		公司或其控股股东、实际控制人未严格履行所做出的各项承诺

续表

考核情形	序号	2013 年版	2017 年版
考评为 C	1	对已在指定媒体发布的信息披露文件进行补充或更正达到五次以上	对已在指定媒体发布的信息披露文件进行五次以上补充或更正，且补充或更正的比例达到 7% 或超过 7%
	2	年度财务报告或半年度财务报告被注册会计师出具保留意见审计报告，或仅因公司持续经营能力存在重大不确定性而被出具无法表示意见审计报告	同 2013 年
	3	未在规定期限内披露业绩快报或业绩预告	未在规定期限内披露业绩快报、业绩预告或业绩快报、业绩预告的修正公告
	4	年度业绩快报或年度业绩预告（如业绩快报或业绩预告与年度报告存在修正，以在规定期限内最终修正的数据为准）与年度报告披露的财务数据差异达到 50% 以上且且绝对金额达到 500 万元以上，或导致盈亏性质不同但情节较轻的	同 2013 年
	5	发生会计差错或发现前期会计差错，影响损益的金额占调整后归属于上市公司股东的净利润的比例达到 50% 以上且绝对金额达到 500 万元以上，或导致盈亏性质发生变化但情节较轻的	同 2013 年
	6	在申请办理股票及其衍生品种发行和上市、利润分配和资本公积金转增股本方案实施、股权激励子和行权、有限售条件股份解除限售、证券停牌和复牌等业务时发生重大差错	同 2013 年

续表

考核情形	序号	2013年版	2017年版
	7	公司或其控股股东、实际控制人的相关人员违反公平信息披露原则，导致公共传媒出现关于公司未披露的重大信息、公司股票及其衍生品种停牌，合计达到两次以上	同2013年
	8	董事会秘书空缺（指定董事或高级管理人员代行董事会秘书职责以及由董事会秘书空缺视为董事会秘书空缺）累计时间超过六个月	同2013年
	9	公司披露的年度内部控制自我评价报告或内部控制审计报告显示，最近一个会计年度内部控制存在重大缺陷	同2013年
考评为C	10	公司或其控股股东、实际控制人未严格履行所做出的各项承诺	此情形改为"不得评为A"
	11	公司披露的利润分配和资本公积金转增股本方案与有关法律法规或公司确定的利润分配政策、股东长期回报规划以及做出的相关承诺不符	公司披露的利润分配政策尤其是现金分红政策、利润分配和资本公积金转增股本方案与有关法律法规或公司确定的利润分配政策、股东长期回报规划以及做出的相关承诺不符
	12	向董事、监事、高级管理人员，控股股东、实际控制人及其关联方非经营性提供资金，未履行审批程序或信息披露义务，且最高余额达到300万元以上且低于1000万元，或占公司最近一期经审计净资产的1%以上且低于5%	同2013年

续表

考核情形	序号	2013 年版	2017 年版
	13	对外提供担保（不含对合并报表范围内子公司的担保）或对外提供财务资助（不含对合并报表范围内子公司提供的财务资助）未履行审批程序或合并信息披露义务，发生额达到 1000 万元以上，且占公司最近一期经审计净资产的 5% 以上	同 2013 年
	14	进行证券投资或风险投资，未履行信息披露义务，涉及金额达到 5000 万元以上，且占公司最近一期经审计净资产的 10% 以上	同 2013 年
考评为 C	15	未经履行审批程序或信息披露义务变更募集资金投向，累计金额达该次募集净额的 10% 以上	同 2013 年
	16	最近一个会计年度公司实现的盈利低于盈利预测数（如有）的 50%	同 2013 年
	17	公司被本所三次以上出具监管函	同 2013 年
	18	公司受到本所通报批评处分	同 2013 年
	19		公司的相关人员违反公平信息披露原则，导致公共传媒出现关于公司未披露的重大信息，公司股票及其衍生品种停牌，累计两次以上

续表

考核情形	序号	2013 年版	2017 年版
考评为 C	20		公司其相关人员未能积极配合本所监管工作，包括但不限于未按时答复本所问询，未按照本所要求进行整改，未按照要求接受本所的约见谈话，主动向本所报告、公司发生异常情况时未及时，主动向本所报告，公司董事会秘书、证券事务代表未与本所保持畅通的联络渠道，<u>经本所督促后拒不改正</u>
考评为 D	21		
	1	年度财务报告或半年度财务报告被注册会计师出具无法表示意见（仅因公司持续经营能力存在重大不确定性而被出具无法表示意见的情况除外）或否定意见的审计报告	同 2013 年
	2	财务会计报告被注册会计师出具非标准无保留意见的审计报告，且该意见涉及事项属于明显违反会计准则和相关信息披露规范规定，未在本所规定定期限内披露纠正后的财务会计报告和有关审计报告的	同 2013 年
	3	财务会计报告存在重大会计差错或者虚假记载，被监管部门责令改正但未在本所规定定期限内改正的	同 2013 年
	4	未在规定期限内披露定期报告	同 2013 年
	5	年度业绩快报或年度业绩预告（如业绩快报或业绩预告存在修正，以在规定期限内最终修正的数据为准）与年度报告披露的财务数据盈亏性质不同且情节严重的	同 2013 年

续表

考核情形	序号	2013 年版	2017 年版
	6	发生会计差错或发现前期会计差错，导致盈亏性质发生变化且情节严重的	同 2013 年
	7	向董事、监事、高级管理人员、控股股东、实际控制人及其关联方非经营性提供资金，未履行审批程序或信息披露义务，且最高余额达到1000万元以上，或占公司最近一期经审计净资产的5%以上	同 2013 年
考评为 D	8	对外提供担保（不含对合并报表范围内子公司的担保）或对外提供财务资助（不含对合并报表范围内子公司提供的财务资助）未履行审批程序或信息披露义务，发生额达到5000万元以上，且占公司最近一期经审计净资产的10%以上	同 2013 年
	9	公司受到中国证监会行政处罚，本所公开谴责或三次以上通报批评	同 2013 年
	10	公司在相关证券应当被实施退市风险警示、其他风险警示或被暂停上市、终止上市的情形，但不及时向本所报告并对外披露的	同 2013 年

注：2013 年版对应列，双下划线画出的为 2013 年修订版相比于 2011 年版的新增情形，未画波浪线的为 2011 年修订版既有内容；2017 年版对应列，波浪线画出的为 2013 年修订版相比于 2011 年版的新增情形的新增情形，双下划线画出的为 2017 年修订版相比于 2013 年版新增或修改内容。

资料来源：根据《深圳证券交易所上市公司信息披露工作考核办法》2011 年版、2013 年版、2017 年版整理。

（7）考核办法附件给出上市公司信息披露工作自评表，表中列出了不得评为 A 以及评为 C 和评为 D 的各种具体情形，并给出三个选项：是、否、不适用，供上市公司根据自身情况进行自我评价。

3.3.5　2017 年修订情况

深交所 2017 年 5 月对信息披露考评办法进行了第四次修订。相比于 2013 年版，2017 年修订版对 6 个维度的考核原则性内容没有发生变化，主要变化有：

（1）信息披露事务管理情况中，增加了关注证券事务代表是否具备相关规则规定的任职资格。

（2）对上市公司信息披露工作考核时，增加 2 项关注：上市公司配合股东等相关信息披露义务人履行信息披露义务情况、上市公司对投资者权益的保护情况。

（3）明确列示了考核结果不能评为 A 的 23 种情形，相比于 2013 年版增加了 4 种情形，并对其中的 3 种进行了修改；明确列示考核结果为 C 的 19 种情形，2013 年版的 2 种情形在 2017 年版中调整为"考评结果不得为 A"，新增了 3 种情形，并修改了 2 种情形；考评结果为 D 的 10 种情形与 2013 年版相同，没有变化。具体信息可见表 3 - 11 的概括，2017 年版对应列中双下划线标注的即为 2017 年版修改或新增内容。

从 2017 年修订版新增或修改内容可以看出，监管指标更加量化且监管范围更宽。例如，不能得 A 的情形之一，2013 年版为"对已在指定媒体发布的信息披露文件进行二次以上补充或更正"，2017 年修订版为"已在指定媒体发布的信息披露文件进行二次以上补充或更正，且补充或更正的比例达到或超过 5%"；考评结果为 C 的情形之一，2013 年版为"对已在指定媒体发布的信息披露文件进行五次以上补充或更正"，2017 年修订版为"对已在指定媒体发布的信息披露文件进行五次以上补充或更正，且补充或更正的比例达到或超过 7%"，体现出监管指标更偏量化。再如，不能得 A 的情形之一，2013 年版为"未经履行审批程序或信息披露义务，向董事、监事、高级管理人员、控股股东、实际控制人及其关联方非经营性提供资金"，2017 年修订版为"向董事、监事、高级管理人员、控股股东、实际控制人及其关联方非经营性提供资金",删除了前提条件,监管要求更趋严格。

从 2001~2017 年深交所信息披露考评结果的统计分析可以看出,上市公司信息披露质量总体持续得到改善。约 2/3 的上市公司信息披露考评结果为 B（良好）,成为市场主体,说明大部分公司在实际执行信息披露中仍以不犯规为主。从深交所信息披露考评标准的历史沿革进行的对比分析可以看出,考核办法中明确列示了得 C 或 D 的各种情形,上市公司只要不触犯这些底线,就可保底评为 B。上市公司既不触犯底线（得 C 或 D）,也不犯"小错"（不得评为 A）,才有可能评为 A（优秀）。

虽然深交所从六个维度对上市公司信息披露工作进行考核并评定等级,但遗憾的是并未公布上市公司各个分项得分,所以目前尚无法从定量角度考察上市公司信息披露存在的具体问题。但无论如何,深交所的信息披露考评结果为投资者提供了一个不同于应计盈余管理和股价同步性波动的、新视角的信息透明度代理指标。

3.4 信息透明度与股价崩盘风险的实证研究

3.4.1 模型、样本与数据

正如前面介绍,本章采用了三个指标对信息透明度进行实证度量。在考察信息透明度与股价崩盘风险之间的关系时,如果以应计盈余管理 O-$PACITY$ 和股价同质性波动 R^2 作为信息不透明度的代理,本章将以沪深两市 A 股上市公司作为研究样本。如果以信息披露考评结果作为信息不透明度的代理,本章以深交所上市的 A 股公司为样本,样本期都为 2001~2017 年。所有样本公司市场交易和财务数据来自国泰安 CSMAR 数据库,信息披露考评结果来自深交所官方网站。

在数据合并过程中,本章样本经过以下处理:（1）剔除金融业公司;（2）剔除股票被 ST、PT 的年份;（3）剔除财务数据缺失的样本;（4）剔除年度周收益率数据不足 30 个的公司;（5）为剔除异常值的影响,本章对连续变量在 1% 和 99% 水平上进行 Winsorize 缩尾处理。

为验证信息不透明度与股价崩盘风险之间的关系，本章设计了如下计量模型：

$$CR_{i,t} = \alpha + \beta OPACITY_{i,t-1} + \gamma CV_{i,t-1} + \varepsilon_{i,t} \tag{3.7}$$

$$CR_{i,t} = \alpha + \beta SYNCH_{i,t} + \gamma CV_{i,t-1} + \varepsilon_{i,t} \tag{3.8}$$

$$CR_{i,t} = \alpha + \beta RATING_{i,t-1} + \gamma CV_{i,t-1} + \varepsilon_{i,t} \tag{3.9}$$

本章所用的变量符号及定义如表 3 - 12 所示。

表 3 - 12　　　　　　　变量符号及定义

变量类型	变量符号	变量含义	计算方法
因变量	$NCSKEW_{i,t}$	负偏度系数	股票周收益的负偏程度，式 (2.4)
	$DUVOL_{i,t}$	下—上波动比	股票周收益下—上波动比，式 (2.5)
	$CRASH_{i,t}$	崩盘是否实际发生	虚拟变量，式 (2.7)，k 取 2.33
	$CRASHFRQ_{i,t}$	崩盘实际发生频率	式 (2.8)
自变量	$OPACITY_{i,t-1}$	会计信息不透明度	$t-1$ 年滞后 3 年应计盈余管理绝对值之和，式 (3.5)
	$SYNCH_{i,t}$	市场信息不透明度	市场同质性波动，式 (3.6)
	$RATING_{i,t-1}$	深交所信息披露考评结果	深交所官方定期披露分 A、B、C、D 四个等级
控制变量	$NCSKEW_{i,t-1}$	滞后一期的负偏度系数	$t-1$ 年 NCSKEW
	$DUVOL_{i,t-1}$	滞后一期的下—上波动比	$t-1$ 年 DUVOL
	$DTO_{i,t-1}$	去趋势的月平均换手率	t 年的月均换手率与 $t-1$ 年月均换手率之差
	$SIGMA_{i,t-1}$	市场波动	$t-1$ 年公司特定收益率的标准差
	$RET_{i,t-1}$	市场收益	$t-1$ 年公司特定收益率均值
	$SIZE_{i,t-1}$	公司规模	$t-1$ 年末总资产的自然对数
	$BM_{i,t-1}$	账面市值比	$t-1$ 年资产总计/市值
	$LEV_{i,t-1}$	财务杠杆	$t-1$ 年资产负债率
	$ROA_{i,t-1}$	总资产收益率	$t-1$ 年净利润/总资产
	IND	行业	上市公司行业分类指引（2012 年证监会修订），控制行业固定效应
	$YEAR$	年份	控制年份固定效应

其中，因变量股价崩盘风险 CR 采用四种方法度量，分别是负收益偏度系数 NCSKEW、收益下—上波动比率 DUVOL、崩盘是否实际发生 CRASH 以及崩盘实际发生频率 CRASHFRQ。

自变量信息不透明度用三种方法度量，分别是基于会计报表信息计算的应计盈余管理程度 OPACITY、基于金融市场价格数据计算的股价同步性波动 SYNCH 和深交所信息披露考评结果 RATING。其中，信息披露考评结果 RATING 的四个结果 A、B、C、D 分别赋值 1、2、3、4，即 RATING 取值越高，信息不透明度越高。

值得注意的是，如果信息不透明度采用基于会计报表信息的指标 OPACITY 或基于深交所信息披露考评结果 RATING，自变量相比于因变量滞后一期，因为会计报表和信息披露考评结果的公布往往是滞后一期的。例如，2017 年上市公司的财务报表要到 2018 年初才会公布，2017 年度上市公司的信息披露考评结果同样也要到 2018 年才会公布。如果选用同期数据进行回归分析，可能会存在前瞻性偏差。如果信息不透明度采用基于金融市场价格数据的指标 SYNCH，自变量选取与因变量同期，因为金融市场数据是即时可得的。

CV 是一组控制变量，代表前人研究中已经识别出来的、对股价崩盘风险有预测作用的影响因素。具体而言，包括：滞后一期的崩盘风险度量；投资者异质性（DTO），即去趋势化的换手率，用股票 i 在第 t 年的月换手率的平均值与前一年的月换手率的平均值之差得到去趋势化的换手率。既有研究表明，异质信念正向作用于股价崩盘风险（Chen，Hong and Stein，2001；陈国进，2009）；市场波动（SIGMA），即波动性，公司第 $t-1$ 年周收益标准差。波动性越大的股票未来可能会有更高的崩盘风险（Chen，Hong and Stein，2001）；前期收益率（RET），公司第 $t-1$ 年周收益平均值。前期收益率高的股票一般崩盘风险也大；财务杠杆（LEV），公司第 $t-1$ 年的资产负债率；总资产收益率（ROA），即净利润除以总资产；账面市值比（BM），第 $t-1$ 年公司股票账面价值除以市值，市值的取法为（总股本 − 境内上市的外资股 B 股）×今收盘价 A 股当期值 + 境内上市的外资股 B 股 × B 股今收盘价当期值 × 当日汇率，一般而言，账面市值低的公司，成长性越高，其股价未来崩盘风险也相对较高；公司规模（SIZE），公司总市值的自然对数。一般而言，公司规模越大就越容易受到关注，负面信息较容易释放，因此越容易发生股价崩盘风险（Chen，Hong and Stein，2001）。

3.4.2　实证结果与分析

表3－13概括了主要变量的描述性统计。与第2章中的 *NCSKEW* 和 *DUVOL* 的描述性统计结果相比，这里列示的 *NCSKEW* 和 *DUVOL* 的均值与标准差与之前基本相同，但最小、最大值范围明显收窄，主要原因是本章对回归样本数据进行了缩尾处理，避免尾部异常值对回归结果造成过多干扰。遵循相关文献通常做法，这里选用1%分位数临界值计算而得的 *CRASH* 和 *CRASHFRQ* 指标。

表3－13　　　　　　　　　　　主要变量的描述性统计

变量	观测值（个）	均值	标准差	25%分位数	中位数	75%分位数	最小值	最大值
NCSKEW	30522	−0.438	0.974	−1.091	−0.592	0.080	−2.639	2.395
DUVOL	30522	−0.503	0.888	−1.112	−0.596	0.013	−2.341	1.888
CRASH	30522	0.497	0.500	0.000	0.000	1.000	0.000	1.000
CRASHFRQ	30522	0.012	0.014	0.000	0.000	0.020	0.000	0.079
OPACITY	22760	0.281	0.239	0.133	0.216	0.344	0.0342	1.542
SYNCH	30522	−0.349	0.861	−0.887	−0.276	0.239	−5.309	2.386
RATING	16379	2.058	0.663	2.000	2.000	2.000	1.000	4.000
DTO	28379	−7.446	42.890	−25.110	−1.842	14.800	−170.500	93.180
SIGMA	30522	0.069	0.026	0.049	0.061	0.084	0.028	0.145
RET	30522	0.009	0.016	0.001	0.011	0.018	−0.034	0.049
SIZE	30522	21.770	1.263	20.870	21.620	22.490	19.100	25.670
BM	29945	0.918	0.825	0.380	0.653	1.155	0.088	4.580
LEV	30514	0.463	0.220	0.297	0.461	0.618	0.053	1.143
ROA	30514	0.031	0.066	0.012	0.033	0.061	−0.311	0.189

表3－14概括了主要变量的 Pearson 相关系数。从单变量相关性来看，市场信息不透明度（*SYNCH*）与各个崩盘风险度量指标之间呈负相关性；信息披露考评结果（*RATING*）与各个崩盘风险指标之间呈正相关性；会计信息不透明度（*OPACITY*）与 *NCSKEW* 和 *DUVOL* 呈负相关，与 *CRASH* 和 *CRASHFRQ* 指标呈正相关。但总体而言，这些相关系数都非常小，并不能据此得出任何有意义的结论。各控制变量与因变量之间的相关系数都非常低，几乎都在0.1以内，说明变量之间不存在共线性问题。

表 3 - 14　　变量相关系数表

	NCSKEW	DUVOL	CRASH	CRASHFRQ	OPACITY	SYNCH	RATING	DTO	SIGMA	RET	SIZE	BM	LEV	ROA
NCSKEW	1													
DUVOL	0.9440 0.0000	1												
CRASH	0.4650 0.0000	0.3870 0.0000	1											
CRASHFRQ	0.5250 0.0000	0.4540 0.0000	0.8930 0.0000	1										
OPACITY	-0.0155 0.0295	-0.0303 0.0000	0.0165 0.0206	0.0266 0.0002	1									
SYNCH	-0.0366 0.0000	-0.0388 0.0000	-0.0079 0.168	-0.0271 0.0000	-0.0835 0.0000	1								
RATING	0.0397 0.0000	0.0485 0.0000	0.0406 0.0000	0.0497 0.0000	0.0662 0.0000	0.0425 0.0000	1							
DTO	0.0507 0.0000	0.0579 0.0000	0.0608 0.0000	0.0749 0.0000	-0.0477 0.0000	0.108 0.0000	0.0705 0.0000	1						

续表

	NCSKEW	DUVOL	CRASH	CRASHFRQ	OPACITY	SYNCH	RATING	DTO	SIGMA	RET	SIZE	BM	LEV	ROA
SIGMA	-0.0126 0.0395	0.0106 0.0832	-0.1060 0.0000	-0.1200 0.0000	-0.0134 0.0608	0.0896 0.0000	0.0126 0.1350	0.2980 0.0000	1					
RET	0.0671 0.0000	0.0618 0.0000	0.0140 0.0218	0.0343 0.0000	0.0788 0.0000	-0.1120 0.0000	-0.0281 0.0009	-0.318 0.0000	-0.0785 0.0000	1				
SIZE	-0.0922 0.0000	-0.0975 0.0000	-0.1180 0.0000	-0.1210 0.0000	-0.0998 0.0000	0.0529 0.0000	-0.2230 0.0000	0.0268 0.0000	-0.0780 0.0000	-0.0777 0.0000	1			
BM	0.0602 0.0000	0.0701 0.0000	-0.0494 0.0000	-0.0488 0.0000	-0.0448 0.0000	0.0467 0.0000	0.0507 0.0000	-0.0066 0.3000	-0.2000 0.0000	0.0318 0.0000	0.5240 0.0000	1		
LEV	0.0368 0.0000	0.0411 0.0000	-0.0014 0.8110	0.0033 0.5650	0.1090 0.0000	0.0497 0.0000	0.2090 0.0000	0.0998 0.0000	-0.0048 0.4370	-0.0470 0.0000	0.2620 0.0000	0.4840 0.0000	1	
ROA	-0.0395 0.0000	-0.0592 0.0000	-0.0071 0.2470	-0.0182 0.0029	-0.0386 0.0000	0.0016 0.7900	-0.368 0.0000	-0.0830 0.0000	0.0013 0.8330	0.0456 0.0000	0.1190 0.0000	-0.2210 0.0000	-0.4090 0.0000	1

注：相关系数下方的数字代表 p 值。

表 3 – 15 概括了会计信息不透明度（*OPACITY*）与股价崩盘风险之间的回归结果。其中，以 *CRASH* 作为崩盘风险度量指标时，由于该变量为离散二元取值，采用 logit 模型对其进行回归；其他方程采用稳健的 OLS 方法进行回归。在以 *CRASH* 作为崩盘风险度量指标时，会计信息不透明度（*OPACITY*）与其呈现正相关性，但系数并不显著。但在以 *NCSKEW*、*DUVOL* 或 *CRASHFRQ* 作为崩盘风险度量指标时，滞后一期的会计信息不透明度与其都呈现显著的正相关性，即会计信息不透明度越高，下一期的股价崩盘风险越高。这一结果与第 1 章理论模型的预测一致，本章的内容也为该理论提供了中国 A 股市场的经验证据支持。

表 3 – 15　　会计信息不透明度（*OPACITY*）与股价崩盘风险

	$NCSKEW_t$	$DUVOL_t$	$CRASHFRQ_t$	$CRASH_t$
$OPACITY_{t-1}$	0. 0831 ***	0. 0706 ***	0. 0010 **	0. 0538
	(0. 0246)	(0. 0211)	(0. 0004)	(0. 0755)
$NCSKEW_{t-1}$	0. 0156 *			
	(0. 0094)			
$DUVOL_{t-1}$		− 0. 0064		
		(0. 0101)		
DTO_{t-1}	− 0. 0003	− 0. 0002	− 0. 0000	− 0. 0004
	(0. 0002)	(0. 0002)	(0. 0000)	(0. 0007)
$SIGMA_{t-1}$	1. 0290 **	0. 8830 **	0. 0048	2. 2030
	(0. 4640)	(0. 3990)	(0. 0072)	(1. 4430)
RET_{t-1}	2. 4680 ***	1. 0800	0. 0145	4. 5760 **
	(0. 8360)	(0. 7760)	(0. 0109)	(2. 2190)
$SIZE_{t-1}$	0. 0349 ***	0. 0324 ***	− 0. 0006 ***	− 0. 1050 ***
	(0. 0061)	(0. 0052)	(0. 0001)	(0. 0189)
BM_{t-1}	− 0. 1050 ***	− 0. 1010 ***	0. 0001	0. 0412
	(0. 0095)	(0. 0081)	(0. 0001)	(0. 0296)
LEV_{t-1}	0. 0403	0. 0194	0. 0002	− 0. 0183
	(0. 0335)	(0. 0288)	(0. 0005)	(0. 1030)
ROA_{t-1}	− 0. 1350	− 0. 3820 ***	− 0. 0009	0. 2540
	(0. 1010)	(0. 0872)	(0. 0016)	(0. 3100)
Constant	− 1. 3040 ***	− 1. 2990 ***	0. 0223 ***	1. 7130 ***
	(0. 1350)	(0. 1160)	(0. 0021)	(0. 4170)

续表

	$NCSKEW_t$	$DUVOL_t$	$CRASHFRQ_t$	$CRASH_t$
年份	控制	控制	控制	控制
行业	控制	控制	控制	控制
观测值	19294	19294	19294	19294
调整 R^2	0.479	0.519	0.296	0.155

注：括号内为标准差，***、**、* 分别代表在1%、5%和10%水平上显著。

各控制变量的回归系数表明：前期公司特定收益越高、波动性越高，当期股价崩盘风险越高。公司规模越大，账面—市值比越低，股价崩盘风险越高。这与既有文献的研究结论基本一致。

表3-16概括了市场信息不透明度（$SYNCH$）与股价崩盘风险之间的回归结果。可以看出，在以 $NCSKEW$ 和 $DUVOL$ 作为崩盘风险度量指标时，市场信息不透明度（$SYNCH$）与其呈现显著的正相关性，即金融市场信息不透明度越高，股价的负偏程度越严重。但在以 $CRASH$ 和 $CRASHFRQ$ 作为崩盘风险度量指标时，市场信息不透明度（$SYNCH$）与其呈现负相关性。这可能与 $CRASH$ 和 $CRASHFRQ$ 只偏重度量尾部分位数的特性有关。从拟合优度看，$CRASH$ 和 $CRASHFRQ$ 两列方程的调整 R^2 仅为0.163和0.288，明显低于 $NCSKEW$ 和 $DUVOL$ 两列方程的调整 R^2（约为0.5左右）。可以说 $NCSKEW$ 和 $DUVOL$ 两列结果更可信。

表3-16　　市场信息不透明度（$SYNCH$）与股价崩盘风险

	$NCSKEW_t$	$DUVOL_t$	$CRASHFRQ_t$	$CRASH_t$
$SYNCH_t$	0.1250*** (0.0071)	0.1220*** (0.0061)	-0.0007*** (0.0001)	-0.0861*** (0.0224)
$NCSKEW_{t-1}$	0.0237*** (0.0083)			
$DUVOL_{t-1}$		0.0019 (0.0089)		
DTO_{t-1}	-0.0008*** (0.0001)	-0.0006*** (0.0001)	0.0000 (0.0000)	-0.0008* (0.0004)

续表

	$NCSKEW_t$	$DUVOL_t$	$CRASHFRQ_t$	$CRASH_t$
$SIGMA_{t-1}$	2.2100***	2.0420***	-0.0102	-0.5320
	(0.4110)	(0.3550)	(0.0066)	(1.3100)
RET_{t-1}	3.2630***	1.7530**	0.0226**	6.6470***
	(0.7610)	(0.7080)	(0.0102)	(2.0530)
$SIZE_{t-1}$	0.0186***	0.0135***	-0.0005***	-0.0879***
	(0.0054)	(0.0047)	(0.0001)	(0.0171)
BM_{t-1}	-0.1220***	-0.1150***	0.0001	0.0347
	(0.0088)	(0.0076)	(0.0001)	(0.0279)
LEV_{t-1}	0.0868***	0.0661***	-0.0004	-0.1590*
	(0.0289)	(0.0249)	(0.0005)	(0.0907)
ROA_{t-1}	-0.2380***	-0.4750***	-0.0003	0.4320
	(0.0898)	(0.0773)	(0.0014)	(0.2810)
Constant	-0.9020***	-0.8280***	0.0326***	3.2790***
	(0.1210)	(0.1050)	(0.0020)	(0.3850)
年份	控制	控制	控制	控制
行业	控制	控制	控制	控制
观测值	24420	24420	24420	24420
调整 R^2	0.476	0.517	0.288	0.163

注：括号内为标准差，***、**、*分别代表在1%、5%和10%水平上显著。

表3-17概括了信息披露考评结果（RATING）与股价崩盘风险之间的回归结果。由于只采用深交所上市公司作为样本，这里的样本量明显低于前面两种信息不透明度度量时的实证样本量。从回归结果看，在以CRASH作为崩盘风险度量指标时，信息披露考评结果（RATING）与其呈现正相关性，但系数并不显著。但在以NCSKEW、DUVOL或CRASHFRQ作为崩盘风险度量指标时，滞后一期的息披露考评结果（RATING）与其都呈现显著的正相关性，即信息披露考评结果越差，下一期的股价崩盘风险越高。这与表3-15的结果基本一致，从信息不透明度的不同维度再次支持了第1章理论模型的预测。

表 3 – 17　　　　　　信息披露考评结果（*RATING*）与股价崩盘风险

	$NCSKEW_t$	$DUVOL_t$	$CRASHFRQ_t$	$CRASH_t$
$RATING_{t-1}$	0.0363 *** (0.0112)	0.0443 *** (0.0096)	0.0005 *** (0.0002)	0.0313 (0.0336)
$NCSKEW_{t-1}$	0.0220 * (0.0116)			
$DUVOL_{t-1}$		– 0.0046 (0.0125)		
DTO_{t-1}	– 0.0006 *** (0.0002)	– 0.0004 *** (0.0002)	– 0.0000 (0.0000)	– 0.0004 (0.0006)
$SIGMA_{t-1}$	1.1300 ** (0.5690)	1.0310 ** (0.4920)	– 0.0045 (0.0090)	– 0.2950 (1.7290)
RET_{t-1}	3.7110 *** (1.0400)	1.9690 ** (0.9670)	0.0195 (0.0138)	6.0550 ** (2.6860)
$SIZE_{t-1}$	0.0433 *** (0.0089)	0.0381 *** (0.0077)	– 0.00030 ** (0.0001)	– 0.0791 *** (0.0269)
BM_{t-1}	– 0.1120 *** (0.0139)	– 0.1100 *** (0.0120)	– 0.0001 (0.0002)	0.0195 (0.0426)
LEV_{t-1}	0.0162 (0.0426)	– 0.0063 (0.0367)	0.0002 (0.0007)	– 0.0334 (0.1280)
ROA_{t-1}	– 0.0730 (0.1370)	– 0.2770 ** (0.1180)	0.0019 (0.0022)	0.6790 (0.4140)
Constant	– 1.4390 *** (0.2020)	– 1.3800 *** (0.1750)	0.0283 *** (0.0032)	3.0640 *** (0.6140)
年份	控制	控制	控制	控制
行业	控制	控制	控制	控制
观测值	12717	12717	12717	12717
调整 R^2	0.461	0.493	0.283	0.153

注：括号内为标准差，*** 、** 、* 分别代表在 1% 、5% 和 10% 水平上显著。

综合表 3 – 15 至表 3 – 17 的结果可以看出，信息不透明度与股价崩盘风险之间的正相关关系非常稳健。采用多种崩盘风险的度量（*NCSKEW*、*DUVOL*、*CRASHFRQ*），多种基于不同维度设计的信息不透明度度量

（*OPACITY*、*SYNCH*、*RATING*），实证结果都极为稳定。当然，这里的实证结果也表明，相比于依赖于收益尾部分位数的 *CRASH* 和 *CRASHFRQ* 而言，*NCSKEW* 和 *DUVOL* 刻画了收益整体分布的负偏程度，效果更好。故本书后续开展研究时，主要以 *NCSKEW* 和 *DUVOL* 作为股价崩盘风险度量指标。

3.4.3 非线性关系的检验

为验证信息透明度与股价崩盘风险之间的非线性关系，在前述基础模型基础上，设计了如下计量模型：

$$CR_{i,t} = \alpha + \beta_1 OPACITY_{i,t-1} + \beta_2 \left(OPACITY_{i,t-1} \right)^2 + \gamma CV_{i,t-1} + \varepsilon_{i,t} \quad (3.10)$$

$$CR_{i,t} = \alpha + \beta_1 SYNCH_{i,t} + \beta_2 \left(SYNCH_{i,t} \right)^2 + \gamma CV_{i,t-1} + \varepsilon_{i,t} \quad (3.11)$$

$$CR_{i,t} = \alpha + \beta_1 RATING\_CD_{i,t-1} + \beta_2 RATING\_A_{i,t-1} + \gamma CV_{i,t-1} + \varepsilon_{i,t} \quad (3.12)$$

对信息透明度度量为连续变量的情形，在计量模型（3.7）和模型（3.8）基础上加入了二次项，通过考察二次项系数 β_2 符号的正负及显著性来判断二者是否存在非线性关系及其变化方向。

信息披露考评结果为离散变量，不适宜采用加二次项的方式来考察非线性关系。这里采取分组回归的方式来进行分析。本章统计结果表明，深交所上市公司的信息披露考评结果以 B（良）为主，约占 2/3。故以此作为基准，构建指标 *RATING_CD*，为二元取值虚拟变量，当信息披露考评结果为 C 或 D 时，取值为 1，否则取值为 0；并构建指标 *RATING_A*，也为二元取值虚拟变量，当信息披露考评结果为 A 时，取值为 1，否则取值为 0。观察新构建指标的回归系数，即可得知相对于信息披露考评结果为 B 的公司而言，信息披露考评结果更低或更高是否都会引起崩盘风险的增加。如果是的，就相当于信息披露质量与股价崩盘风险之间存在一个"U"型关系，信息披露质量太低或太高，都会引起股价崩盘风险的增加，即存在非线性关系。

表 3-18 和表 3-19 分别概括了模型（3.10）和模型（3.11）的回归结果。可以看出，会计信息不透明度的二次项（*OPACITY*2）和市场信息不透明度的二次项（*SYNCH*2）系数都不显著，表明样本并不存在非线性关系。加入二次项之后，会计信息不透明度（*OPACITY*）和市场信息不透

明度（SYNCH）与股价崩盘风险之间仍然呈现显著的正相关性，再次支持了二者正相关关系的稳健性。

表 3 – 18　　　　会计信息透明度（OPACITY）与股价崩盘风险
——非线性关系

	$NCSKEW_t$	$DUVOL_t$
$OPACITY_{t-1}$	0.1010*	0.0940*
	(0.0604)	(0.0520)
$OPACITY2_{t-1}$	−0.0145	−0.0191
	(0.0451)	(0.0388)
$NCSKEW_{t-1}$	0.0156*	
	(0.0094)	
$DUVOL_{t-1}$		−0.0064
		(0.0101)
DTO_{t-1}	−0.0003	−0.0002
	(0.0002)	(0.0002)
$SIGMA_{t-1}$	1.0250**	0.8780**
	(0.4640)	(0.3990)
RET_{t-1}	2.4670***	1.0810
	(0.8360)	(0.7760)
$SIZE_{t-1}$	0.0350***	0.0325***
	(0.0061)	(0.0052)
BM_{t-1}	−0.1050***	−0.1010***
	(0.0095)	(0.0081)
LEV_{t-1}	0.0401	0.0191
	(0.0335)	(0.0288)
ROA_{t-1}	−0.1350	−0.3810***
	(0.1020)	(0.0872)
Constant	−1.3090***	−1.3050***
	(0.1350)	(0.1160)
年份	控制	控制
行业	控制	控制
观测值	19294	19294
调整 R^2	0.478	0.518

注：括号内为标准差，***、**、*分别代表在1%、5%、10%水平上显著。

表 3 – 19 　　　　市场信息透明度（*SYNCH*）与股价崩盘风险
——非线性关系

	$NCSKEW_t$	$DUVOL_t$
$SYNCH_{t-1}$	0. 1220 *** (0. 0092)	0. 1282 *** (0. 0080)
$SYNCH2_{t-1}$	− 0. 0018 (0. 0046)	0. 0060 (0. 0040)
$NCSKEW_{t-1}$	0. 0238 *** (0. 0083)	
$DUVOL_{t-1}$		0. 0014 (0. 0089)
DTO_{t-1}	− 0. 0008 *** (0. 0001)	− 0. 0006 *** (0. 0001)
$SIGMA_{t-1}$	2. 2096 *** (0. 4118)	2. 0723 *** (0. 3556)
RET_{t-1}	3. 2812 *** (0. 7617)	1. 7140 ** (0. 7087)
$SIZE_{t-1}$	0. 0185 *** (0. 0054)	0. 0130 *** (0. 0047)
BM_{t-1}	− 0. 1218 *** (0. 0088)	− 0. 1147 *** (0. 0076)
LEV_{t-1}	0. 0870 *** (0. 0289)	0. 0673 *** (0. 0250)
ROA_{t-1}	− 0. 2374 *** (0. 0897)	− 0. 4747 *** (0. 0773)
Constant	− 0. 9002 *** (0. 1216)	− 0. 8184 *** (0. 1160)
年份	控制	控制
行业	控制	控制
观测值	24420	24420
调整 R^2	0. 478	0. 518

注：括号内为标准差，***、**、*分别代表在1%、5%、10%水平上显著。

　　表 3 – 20 和表 3 – 21 分别概括了信息披露考评结果为 C 或 D 的组别以及考评结果为 A 的组别的回归结果。可以看出，相比于信息披露考评

结果为 B 的组别，考评结果为 C 或 D 的股票股价崩盘风险显著更高。相比于信息披露考评结果为 B 的组别，信息披露考评结果为 A 的组别崩盘风险也更高，但系数并不显著。所以未能探测到明显证据支持二者的非线性关系。

表 3-20 　　　　信息披露考评结果与股价崩盘风险——C 组或 D 组

	$NCSKEW_t$	$DUVOL_t$
$RATING\_CD$	0.0740 *** (0.0182)	0.0804 *** (0.0157)
$NCSKEW_{t-1}$	0.0214 * (0.0116)	
$DUVOL_{t-1}$		−0.0056 (0.0126)
DTO_{t-1}	−0.0006 *** (0.0002)	−0.0004 *** (0.0002)
$SIGMA_{t-1}$	1.1274 ** (0.5687)	1.0395 ** (0.4916)
RET_{t-1}	3.7452 *** (1.0396)	1.9884 ** (0.9664)
$SIZE_{t-1}$	0.0413 *** (0.0088)	0.0352 *** (0.0076)
BM_{t-1}	−0.1093 *** (0.0139)	−0.1075 *** (0.0120)
LEV_{t-1}	0.0147 (0.0425)	−0.0066 (0.0367)
ROA_{t-1}	−0.0769 (0.1353)	−0.2958 ** (0.1167)
$Constant$	−1.3394 *** (0.1948)	−1.2463 *** (0.1682)
年份	控制	控制
行业	控制	控制
观测值	12717	12717
调整 R^2	0.460	0.491

注：括号内为标准差，***、**、* 分别代表在 1%、5%、10% 水平上显著。

表 3 – 21 信息披露考评结果与股价崩盘风险——A 组

	$NCSKEW_t$	$DUVOL_t$
$RatingA$	0.0108 (0.01829)	– 0.007078 (0.01580)
$NCSKEW_{t-1}$	0.02156* (0.01162)	
$DUVOL_{t-1}$		– 0.004285 (0.01256)
DTO_{t-1}	– 0.0006161*** (0.0001845)	– 0.0004196*** (0.0001594)
$SIGMA_{t-1}$	1.2098** (0.5689)	1.1117** (0.4920)
RET_{t-1}	3.7078*** (1.0402)	1.9796** (0.9674)
$SIZE_{t-1}$	0.03719*** (0.008932)	0.03254*** (0.007714)
BM_{t-1}	– 0.1092*** (0.01399)	– 0.1085*** (0.01207)
LEV_{t-1}	0.02817 (0.04249)	– 0.006394 (0.03669)
ROA_{t-1}	– 0.1938 (0.1346)	– 0.4014*** (0.1162)
$Constant$	– 1.2261*** (0.1965)	– 1.1586*** (0.1697)
年份	控制	控制
行业	控制	控制
观测值	12717	12717
调整 R^2	0.459	0.491

注：括号内为标准差，***、**、*分别代表在1%、5%、10%水平上显著。

综合表 3 – 18 至表 3 – 21 的结果可以看出，目前样本不支持信息透明度与股价崩盘风险之间存在非线性关系的推测。

3.5　小结

在第 1 章理论模型分析和第 2 章对中国 A 股个股层面的股价崩盘风险测算的基础上，本章对信息不透明度和股价崩盘风险之间的关系进行了实证检验。

信息不透明度和股价崩盘风险之间的正相关性关系是大量经验研究开展的基石。在这一默认前提下，学者围绕公司内外部因素，如管理者行为、管理层特征、机构投资者行为、分析师、媒体等第三方参与、政治经济文化制度环境等，进一步研究股价崩盘风险的影响因素，视角极为丰富，宛如坚实枝干上开出的丰富绚丽、多姿多彩的鲜花。

信息不透明度是一个较为抽象的概念，难以用全局特征加以观测和度量。本章选取了具有典型代表性的三类度量：基于会计报表信息的应计盈余管理指标、基于金融市场价格信息的股价同步性波动和深交所官方公布的上市公司信息披露考评工作结果。这三个指标从不同视角构建，多维度的围绕信息不透明度展开评价。本章用中国 A 股市场 2001～2017 年的数据进行了实证测算，发现长期来看，中国 A 股市场的信息不透明度呈逐渐下降趋势，但并非一个单调下降的过程，而是伴随着均值回复特性的缓慢下降。

在对信息不透明度开展多维度的实证度量后，结合第 2 章的中国 A 股个股层面股价崩盘风险实证测算，本章对二者的关系开展了回归分析。多重实证结果表明：中国 A 股市场上，信息不透明度和股价崩盘风险之间的正相关性非常稳健；理论上可能存在的二者非线性关系在样本期内未探测到明显证据。这可能是由于中国 A 股市场目前仍处于信息不透明度较高的区间，此时信息披露的收益效应仍占据主导地位，风险效应尚未开始发挥作用。目前，监管引导和政策制定仍应致力于降低信息不透明度。

第4章

企业社会责任信息披露与股价崩盘风险

第3章中的信息透明度度量或基于会计报表的财务信息，或基于金融市场的交易信息，或基于信息披露的多维度规范性，对非财务类信息关注较少。近年来，随着各利益相关者对信息需求的增加，财务信息已经不能完全满足决策需求，企业也逐渐开始注重公司治理、内部控制、社会责任等非财务信息的披露。

随着公众对食品安全、环境污染、生产安全隐患、员工权益等一系列社会问题的持续关注，企业社会责任问题引起了消费者、投资者和监管部门的广泛关注。在政府和行业协会大力推动、社会公众的广泛关注以及企业提升竞争力的迫切需求下，近十年来，企业发布社会责任报告的数量持续增长。企业社会责任信息逐渐成为资本市场上一类重要的非财务信息来源。

相比于具有统一会计准则、易量化和可比性高的财务信息，社会责任这类非财务信息不易量化、可比性低，报告编写也没有完全统一的准则。企业社会责任信息的披露在资本市场上究竟发挥了什么作用？本章试图从股价崩盘风险的视角，深入讨论企业社会责任信息披露及其评价方式的经济后果。具体来说，包括企业社会责任履行与股价崩盘风险之间究竟有无显著关系？二者的关系依赖于企业社会责任信息披露的评价方式吗？第3章中研究的信息透明度是否会对上述二者的关系产生影响？等等。

4.1　企业社会责任：内容界定、披露现状和经济后果

社会责任报告（Corporate Social Responsibility，CSR），又称可持续发展报告，向利益相关方披露了企业经营活动在经济、社会、环境等维度产生的影响等非财务信息。企业社会责任应该包括哪些内容？李正、向锐（2007）认为企业的最大目标还是实现股东利益最大化，社会责任只是企业在履行经济责任的同时需要额外考虑的方面，是股东利益最大化的修正版。因此，他们将企业社会责任分为经济责任和社会责任两类。在此基础上，既有研究也慢慢探索出企业社会责任信息披露所应包含的具体内容：阳秋林（2005）认为企业披露的社会责任信息应该包括经济效益、产品以及事后维修、员工福利、社会福利以及环境福利等方面；李正、向锐（2007）将企业社会责任披露内容分为六大类、十七小类，主要包含员工、消费者、社区、环境等方面。综合以上观点可以看出，企业社会责任包括股东、消费者、员工、供应商、政府、社区以及环境等多个维度。

2006 年深交所发布《上市公司社会责任指引》，是我国首个对企业社会责任披露进行规范要求的正式文件。2008 年上交所发布《上市公司环境信息披露指引》，这些政策文件为我国上市公司踊跃进行社会责任信息披露创造了良好的政策氛围。自国家电网 2006 年发布第一份企业社会责任报告以来，中国 A 股上市公司企业社会责任报告的发布数量不断增加。2009 年沪深两市仅有 371 家上市公司发布社会责任报告，而到了 2017 年，共有 795 家上市公司发布社会责任报告（见图 4 - 1），九年增长为原来的2.14 倍。

近年来，社会责任报告发布数量从爆发式增长逐渐进入平稳增长阶段，市场的关注点也逐渐从报告数量转移到报告质量。企业社会责任的履行究竟发挥了什么作用？

既有研究呈现两个截然相反的观点。

正面观点认为社会责任感较强的企业能够对投资者披露更多的公司信息，提高了公司的信息透明度（高利芳等，2011），减少了盈余管理（朱

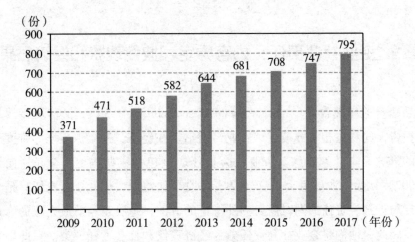

图 4 - 1 中国 A 股上市公司发布的社会责任报告数量

资料来源：金融界，《润灵环球责任评级：2018 年 851 家 A 股上市公司披露 CSR 报告，CSR 信息披露十年增长 1.29 倍》，https：//baijiahao. baidu. com/s？id = 1622865686045527358&wfr = spider&for = pc。

松，2011），降低了公司高管对负面消息进行隐藏的可能性（Kim et al.，2014），从而降低了股价崩盘风险。金等（Kim et al.，2014）以 1995 ~ 2009 年证券价格研究中心（Center for Research in Security Prices，CRSP）美国上市公司为样本，研究企业社会责任与股价崩盘之间的关系。研究发现，社会责任意识较好的企业其管理层的道德标准也相对较高，因此隐藏公司负面消息的行为会大大减少，股价崩盘风险降低；同时发现在公司治理水平较低、股东持股比例较低的企业，其社会责任履行程度与股价崩盘风险之间的负相关关系更加显著。陶春华等（2015）利用 2010 ~ 2012 年我国上市公司社会责任数据研究企业社会责任是如何影响企业股价崩盘风险。研究发现，企业社会责任能够降低股价崩盘风险，尤其是在公司治理水平较低的企业当中，企业社会责任与股价崩盘风险之间的负相关关系更加显著。这与金等（2014）的研究结论一致。胡国柳和宛晴（2015）从上市公司董事高管责任保险（以下简称"高责险"）的角度来衡量企业社会责任。研究指出，如果高责险能够有效约束高管行为，使其减少或者不再隐瞒公司不利消息而从中攫取私利的行动，这就是企业社会责任履行的表现。在此背景之下选取 2009 ~ 2013 年中国 A 股上市公司为样本，发现高责险与股价崩盘风险之间呈显著负相关关系，即上市公司购买高责险对高管的利己行为形成有效约束，在某种程度上履行了企业社会责任，从而降低了股价崩盘风险。

反面观点认为，社会责任的履行提高了公司原本没有的成本和风险（Aupperle et al.，1985），管理层经常将社会责任作为工具使用，利用履行社会责任掩盖其他不当行为，提升自己的职业名声，攫取私利，降低企业声誉损失。社会责任为高管对负面消息的隐瞒提供了掩饰工具，从而增加了股价崩盘风险（Petrovits，2006；高勇强等，2012；权小锋等，2015；田利辉等，2017）。权小锋等（2015）利用 2008 年到 2013 年中国 A 股上市公司数据进行了和金等（2014）类似的研究，然而，研究发现企业社会责任与股价崩盘风险之间正相关，这与金等（2014）的结论是完全相反的。权小锋和肖红军（2016）在研究企业社会责任与股价崩盘风险关系中加入了变量——会计稳健性。研究利用 2009～2013 年中国 A 股发布社会责任报告的上市公司数据对企业社会责任与会计稳健性之间的关系进行了探讨，发现两者是显著负相关的关系，并进一步研究会计稳健性与股价崩盘风险之间的关系，发现它们之间也是显著负相关的关系。研究验证了德瓦尔（Derwall et al.，2011）等提出的"机会驱动"假说，即公司管理层履行企业社会责任只是为了自身利益最大化，此时企业社会责任就是代理成本的一种，最后加剧了股价崩盘风险。田利辉等（2017）采用双重差分（倾向匹配）方法研究证明，监管当局要求部分上市公司强制披露社会责任信息这一政策的实施加大了崩盘风险，支持了社会责任的掩饰效应假说。

之所以会出现完全相反的观点，与企业社会责任信息披露的特点有关。财务信息的披露较为成熟，有统一的会计准则，易量化、可比性高。与之相对，社会责任属于非财务信息，不易量化、可比性低，社会责任报告的编写也没有完全统一的准则。信息披露既是技术，也是艺术。科学判断企业社会责任信息披露的经济后果，取决于对企业社会责任履行水平的合理评价。近年来，政府和监管部门、行业协会、研究机构和咨询机构发布了一系列企业社会责任报告评价标准，有来自学术机构和媒体的评价（如中国社会科学院发布的企业社会责任发展指数、中国企业评价协会和清华大学社会科学院发布的中国企业社会责任评价准则等），有来自第三方机构的评价（如润灵环球社会责任报告评级指数、商道纵横发布的可持续发展报告评分等）。虽然这些指数评价思路基本一致，采用的都是指标法，但在评价标准和具体指标设置上存在较大差别，专家判断的参与程度不同，有可能导致对企业社会责任经济后果的判断不同。

本章首先概括了社会责任信息披露评级的主要方式，对在市场上具有广泛影响力的三种社会责任信息评价方式进行全面的比较分析。在此基础上，利用中国 A 股市场数据，对社会责任信息披露评价与股价崩盘风险之间的关系开展实证检验。正如第 1 章的理论模型和第 3 章的实证检验所表明，个股股价崩盘风险产生的重要机制之一是管理层隐瞒负面消息导致股价高估产生泡沫。管理层可能运用的隐瞒手段包括财务报表编制、避税等财务行为，也包括社会责任履行等非财务行为。理论上推断，对信息透明度差的企业，社会责任的履行更可能作为管理层的工具掩盖其自利行为，从而导致股价崩盘风险提高。基于此，本章将进一步开展信息透明度对社会责任信息和股价崩盘风险之间关系是否存在调节作用的实证研究。

4.2　企业社会责任信息披露的主要评价方式

4.2.1　企业社会责任计量方法

企业社会信息披露的计量方法主要包括社会责任会计方法、声誉评分法、内容分析法和指数法等。

社会责任会计方法是指将企业从事的有关社会责任的活动纳入会计系统，并从资产负债表的角度分别从资产、负债、成本和收益四个方面来对企业社会责任活动进行考量与披露。这种方法的缺点在于不同公司对社会信息四个方面的衡量标准不统一，所以不同公司的社会责任信息披露水平无法进行有效比较。因此社会责任会计方法并不具有通用性。

声誉评分法是指给被调查者发放问卷，这些被调查对象根据问卷所问问题对企业社会活动态度以及行为打分，最后形成的汇总分值就是企业声誉分值。这种方法也存在缺点：一是被调查对象主观性很强，每个人对事件的认知可能会有差别，从而导致评分存在较大差异；二是这些被调查对象能够进行客观评价的前提是他们对所评价企业有足够了解，但显然这种随机选取的被调查对象做不到这一点，因此所得数据可能没有意义进而影响评价的准确性；三是这种方法效率太低，成本很高。因此这种方法使用的也不多。

内容分析法是指用企业相关材料所披露的内容来衡量企业社会责任信息披露水平，衡量的主要标准是报告篇幅越长，表明企业披露水平越高。这种方法的缺点在于太过于表面化。况且这种计量方法很可能会因为企业只是在文字和篇幅上做文章而不是实际有效的社会责任信息披露，从而使评价存在较大误差。

指数法是指将企业披露的社会责任信息分成很多大类和小类并分别赋值，最后的分数汇总即是信息披露得分。指数法是现行企业社会责任信息披露计量中的主流评价方法。李正、向锐（2007）指出了其中的合理性：一般情况下企业社会责任信息是披露在企业年度报告当中，而年度报告是需要注册会计师进行审计的。加上企业在年度报告中弄虚作假成本较高，因此，尽管企业社会责任信息披露是自愿性质，但是企业在此压力之下也不敢冒此风险。这些都能说明指数法可信度较高。

近年来，政府和监管部门、行业协会、研究机构和咨询机构，投入了大量人力物力，研究并发布了一系列企业社会责任报告评价标准，例如，中国社科院发布的企业社会责任发展指数、润灵环球社会责任报告评级指数、商道纵横发布的可持续发展报告评分等。这些评价标准，从思路上看大体一致，采用的都是指标法，但在具体指标设置和评价标准方面存在较大差别，专家判断的参与程度也大有不同。究竟哪种方式更能体现社会责任有效信息呢？本章选取了三种具有广泛市场影响力的评价方式进行研究，分别是润灵环球社会责任报告评价指数（Rankins CSR Ratings，RKS）和讯网上市公司社会责任报告评测体系及沪深两市责任指数（Corporate Social Responsibility Index，CSRI）。

4.2.2　润灵环球社会责任报告评价指数

1. 评级流程和指标体系

润灵环球社会责任报告评价指数由社会评级机构——润灵环球责

任评级做出。润灵环球责任评级于 2009 年发布了国内第一本 A 股上市公司社会责任报告蓝皮书，至今 10 年，已经发展成为一个具有广泛影响力的社会责任报告评价指数，包括哈佛大学商学院、欧洲工商管理学院、香港中文大学、香港理工大学、北京大学在内等超过 50 家全球知名高校，在研究中国上市公司社会责任信息披露时使用的是 RKS 评级数据库。

RKS 社会责任评价指数的依据是上市公司发布的社会责任报告。该评级是针对社会责任评级报告的评级，而不是社会责任表现的评级。这一评级是非委托性的，只要上市公司的社会责任报告在上交所或深交所的官方渠道发布，就成为 RKS 的评价对象。

RKS 社会责任报告评分评级流程如图 4 – 2 所示，包括以下五个步骤：

图 4 – 2　润灵环球社会责任报告评价指数评分评级流程

第一步是上市公司社会责任报告收集，通过上交所和深交所官方网站获取。

第二步是对报告进行简单分类，由评级委员会的组长作出，分类依据有三个方面：报告篇幅、数据密度和编制技术。根据简单分类结果进一步安排分析师进行评级。

第三步是依据评级指标体系 MCTi 进行评分。MCTi 社会责任报告评价体系设立了四个零级指标：整体性（M）、内容性（C）、技术性（T）和行业特征（i），并各自进一步设立一级指标和二级指标，指标下设终端采分点，终端采分点约 300 个。

第四步是将前述评分结果转换为评级，依据国际惯例 9 级评级，从 3A 到 1C，每个等级用"＋"或"－"来微调，表示略高或略低于这个等级。

第五步是出具社会责任评级报告，对公众发布整体排名信息，并对得分在 40 分及以上的上市公司社会责任报告发布评级报告，有针对性地提出改善意见与建议。

MCTi 评价体系是 RKS 社会责任评价的重要依据。这一评价体系自

2009 年版本开始，历经了多次更新。

从 2009 版到 2010 版，整体性（M）指标权重从 40% 减少为 30%，总分 30 分；内容性（C）指标权重从 40% 增加到 50%，总分为 50 分；技术性（T）指标权重仍为 20%，总分 20 分。内容性（C）指标比重上升意味着该评价体系更聚焦于社会责任报告所披露的信息本身，强调社会责任报告的实质性，避免使社会责任报告成为"绣花枕头"；同时内容性（C）指标还得到深入细化，分为 6 个一级评价指标。2010 版还在技术性（T）指标中增加"表达形式"一级指标，且被分为两项二级指标，以使社会责任报告能够进行更加清晰的说明，提高报告阅读效率。

2011 版积极参考了最新国际权威社会责任标准 ISO 26000。针对上市公司社会责任报告主体内容的评价部分参照了 ISO 26000 关于社会责任议题的划分，即经济绩效、劳工与人权、环境、公平运营、消费者、社区参与发展六个方面的具体情况。2011 版比 2009 版和 2010 版增加了行业指标（i），并分为 22 个小类，占比 5%。

2012 版 MCTi 评价体系将行业指标（i）权重调整为 10%，在内容性（C）指标方面更加注意结合中国本土情况，而且二级指标新增"减缓及适应气候变化信息""社会投资信息"等指标。目前一直使用的 MC-Ti2012 版评分标准如表 4 - 1 所示，MCTi2012 版评级指标体系如表 4 - 2 所示。各级指标下终端得分点和行业特征指标的具体内容可参见本书附录 2。

表 4 - 1　　　　　　　　MCTi 2012 版评分标准

指标	比重（%）	满分
整体性（M）	30	30
内容性（C）	45	45
技术性（T）	15	15
行业特征（i）	10	10
总计	100	100

资料来源：《A 股上市公司社会责任报告蓝皮书》，润灵环球责任评级于 2012 年 10 月 25 日发布。

表 4 – 2 　　　　润灵环球 MCTi 2012 版评级指标体系

指标主题	序号	具体指标
整体性（M）		
战略	M1	整体责任战略信息
	M2	可持续发展适应与应对信息
	M3	责任战略与企业有效匹配
	M4	企业高管在战略层面考虑社会责任的信息
	M5	社会责任目标制定与达成信息
治理	M6	公司基本信息
	M7	价值观、原则与准则信息
	M8	社会责任管理机构信息
	M9	决策流程与结构信息
	M10	治理透明度信息
	M11	风险管理信息
	M12	商业道德治理信息
	M13	内部实践信息
利益相关方	M14	利益相关方界定与识别信息
	M15	利益相关方沟通信息
	M16	利益相关方意见信息
内容性（C）		
经济绩效	C1	盈利与回报信息
	C2	同比经济信息
	C3	主要产品或服务信息
劳工与人权	C4	雇佣与雇佣关系信息
	C5	员工职业成长信息
	C6	职业健康与安全信息
	C7	人权保障信息
	C8	工作条件与社会保障信息
	C9	社会对话与关爱信息
	C10	责任教育信息

续表

指标主题	序号	具体指标
内容性（C）		
环境	C11	环境整体管理信息
	C12	预防污染信息
	C13	可持续资源使用信息
	C14	减缓及适应气候变化信息
公平经营	C15	反贪污管理信息
	C16	在势力范围内退管社会责任信息
消费者	C17	推广产品或服务的质量保障信息
	C18	消费者（客户）管理信息
	C19	保护消费者安全与健康信息
	C20	消费者（客户）服务信息
	C21	保护消费者（客户）数据及隐私
	C22	消费者教育信息
社区参与及发展	C23	公益捐赠信息
	C24	志愿服务信息
	C25	政治参与信息
	C26	创造就业信息
	C27	科技发展信息
	C28	创造财富和收入信息
	C29	推广健康信息
	C30	社会投资信息
技术性（T）		
内容平衡	T1	完整性
	T2	中肯性
信息可比	T3	一致性
	T4	数据性
报告创新	T5	创新性
	T6	创新有效性

续表

指标主题	序号	具体指标
技术性（T）		
可信度与透明度	T7	利益相关方意见披露程度
	T8	第三方审验程度
	T9	第三方审验机构权威性
	T10	报告阅读意见及建议反馈机制的有效度
规范性	T11	报告政策有效性
	T12	报告标准性
	T13	报告严肃性
可获得及信息传递有效性	T14	报告的语言版本充分程度
	T15	报告的可获得渠道及考虑有特殊需要的人群获取报告的特殊方法
	T16	报告美工设计、排版等对于披露效果的提升程度
	T17	报告数据及信息的图表化、图示化程度
行业性（i）		

22 个行业，20 个行业有明确特征指标，详见附录 2。
综合业及其他制造业不进行行业特征指标评价，将内容性（C）指标权重调整为 50%，总分 50 分；技术性（T）指标权重调整为 20%，总分 20 分。

资料来源：《A 股上市公司社会责任报告蓝皮书》，润灵环球责任评级于 2012 年 10 月 25 日发布。

2. 评级结果统计分析

表 4-3 概括了 2010~2016 年 RKS 社会责任报告评级结果的统计情况。样本量与沪深两市社会责任报告的发布数量基本一致，逐年增多。报告质量总体呈上升趋势，体现在：B- 及以下评级的上市公司数量逐年下降，B 以上评级的上市公司数量逐年增加；2013 年之前占据评级主体地位的为 B 级，2014 年之后 BB 级开始占据主体地位，BBB 级的上市公司数量上升势头迅猛；2013 年及以前没有任何一家上市公司达到 AA+，2014 年之后开始出现。但总体而言，中国 A 股上市公司社会责任报告质量不高，评级结果以 BB、B、BBB 三者为主，评级为 A 以上（包括 A-、A、A+、

AA－、AA、AA＋）上市公司数量占比不到10%。

表4－3　　2010～2016年 RKS 社会责任报告评级结果　　单位：个

评级	2010 年	2011 年	2012 年	2013 年	2014 年	2015 年	2016 年
AA＋	0	0	0	0	3	2	1
AA	3	9	11	11	14	16	13
AA－	1	5	6	4	4	9	9
A＋	3	7	5	4	13	8	9
A	16	13	18	21	17	20	21
A－	8	2	5	9	0	10	11
BBB＋	3	0	8	3	3	9	7
BBB	14	20	44	64	63	77	100
BBB－	4	0	4	6	6	10	15
BB＋	1	2	5	6	6	12	10
BB	59	94	109	177	256	307	297
BB－	10	9	23	26	35	36	36
B＋	16	20	25	28	28	21	25
B	116	102	189	197	181	139	144
B－	88	64	63	58	38	17	29
CCC	94	90	47	27	13	10	19
CC	21	21	18	3	1	5	1
C	3	0	0	0	0	0	0
总计	460	458	580	644	681	708	747

　　表4－4概括了 RKS 社会责任报告评分结果的分年度统计。可以看出，RKS 总体评分结果呈逐年上升趋势：平均分从2009年的29.80分提高至2016年的42.38分，提高幅度达40%；最高分从2009年的72.09分提高至2016年的87.04分，表明我国上市公司社会责任报告质量逐年规范，且已有个别企业达到较高水平；但从绝对数值来看，总体分值仍然偏低，最低分并没有明显上升趋势，各年标准差基本持平，表明我国上市公司社会责任报告质量总体仍处于较低水平，且个体差异较大。

表4－4　2009～2016年RKS社会责任报告评分结果——分年度统计

年份	观测值（个）	均值	标准差	25%分位数	中位数	75%分位数	最小值	最大值
2009	314	29.80	10.11	23.89	27.48	32.26	15.20	72.09
2010	469	32.57	12.25	24.79	29.12	35.75	11.69	78.71
2011	478	34.84	13.77	25.32	30.87	39.87	13.33	81.45
2012	580	37.11	13.42	28.50	32.97	40.90	15.12	83.67
2013	644	38.80	12.44	30.42	35.32	43.89	17.97	84.02
2014	681	40.39	12.23	32.44	37.09	44.91	19.13	88.85
2015	708	42.41	12.38	34.03	39.70	47.60	15.92	89.30
2016	747	42.38	12.27	33.61	39.93	48.99	15.65	87.04
总计	4621	38.30	13.08	29.30	35.31	43.89	11.69	89.30

　　表4－5至表4－8从M、C、T、i四个零级指标维度对RKS社会责任报告评分结果进行了统计。

　　如表4－5所示，整体性（M）指标与总体得分类似，呈逐年上升趋势：平均分从2010年的8.37分提高至2016年的15.18分，上升近1倍；最低分从2010年的2.28分提高至2016年的5.63分；最高分接近满分（满分30分）。表明我国上市公司社会责任报告质量这些年在整体性维度有了很大的提高，社会责任报告在企业社会责任的战略、治理和利益相关方等框架形式方面（完整性）有了很大改善。

表4－5　2010～2016年RKS社会责任报告评分结果——整体性（M）

年份	观测值（个）	均值	标准差	25%分位数	中位数	75%分位数	最小值	最大值
2010	468	8.37	3.55	6.16	7.23	9.11	2.28	25.18
2011	479	10.86	4.69	7.73	9.38	12.66	3.28	26.83
2012	580	11.44	4.59	8.20	10.08	13.83	2.81	26.48
2013	644	13.19	4.28	10.08	11.95	15.23	4.45	26.25
2014	681	14.40	4.05	11.72	13.36	16.17	6.09	28.22
2015	708	15.01	4.02	12.42	14.06	16.88	5.39	28.13
2016	747	15.18	3.86	12.42	14.53	17.58	5.63	26.25
总计	4307	13.01	4.71	9.61	12.42	15.70	2.28	28.22

　　如表4-6所示，内容性（C）指标与整体性（M）指标的逐年上升趋势不同，呈现出非常稳定的特性，平均分一直维持在17分左右，标准差约为6分。表明我国上市公司社会责任报告的内容性这些年并没有实质性进步。2014~2016年的最低分呈下降趋势，尤其是2016年，最低分不足3分（满分45分），表明个别企业社会责任报告几乎没有任何实质性信息含量。

表4-6　2010~2016年RKS社会责任报告评分结果——内容性（C）

年份	观测值（个）	均值	标准差	25%分位数	中位数	75%分位数	最小值	最大值
2010	467	17.67	6.84	13.19	15.97	20.56	4.31	40.65
2011	479	15.77	6.29	11.25	14.44	18.75	3.56	35.72
2012	580	17.10	6.19	13.13	15.94	19.79	3.00	37.13
2013	644	17.78	5.51	14.06	16.79	20.25	5.63	37.31
2014	681	17.86	5.57	14.06	16.70	20.39	6.84	39.59
2015	708	18.25	5.76	14.41	17.40	21.09	3.52	39.20
2016	747	17.32	6.04	13.13	16.17	20.92	2.64	39.38
总计	4306	17.46	6.02	13.36	16.35	20.39	2.64	40.65

　　如表4-7所示，技术性（T）指标自2013年以来呈现稳步上升趋势，平均分自2013年的6.24分提高至2016年的7.58分，提高幅度达20%左右。标准差呈明显的逐年下降趋势。表明我国上市公司社会责任报告质量在规范性等技术指标方面有了较大提高，且各上市公司之间的差异逐渐缩小。

表4-7　2010~2016年RKS社会责任报告评分结果——技术性（T）

年份	观测值（个）	均值	标准差	25%分位数	中位数	75%分位数	最小值	最大值
2010	467	6.52	2.67	5.00	5.91	6.82	2.73	22.36
2011	477	7.11	2.63	5.74	6.18	7.28	0.56	18.38
2012	580	6.35	1.89	5.18	5.63	7.06	3.20	16.32
2013	644	6.24	1.90	4.96	5.40	6.95	3.86	15.88
2014	681	6.38	1.78	5.33	5.82	6.71	4.14	14.34
2015	708	6.91	1.66	5.92	6.27	7.20	4.44	14.47
2016	747	7.58	1.69	6.51	7.01	7.99	4.93	14.61
总计	4304	6.75	2.06	5.45	6.18	7.35	0.56	22.36

如表 4-8 所示，行业性（i）指标自 2011 版开始加入，总体也呈逐年上升趋势，平均分自 2011 年的 1.11 分提高至 2016 年的 1.53 分，但总体仍处于很低水平，最大值 2014~2016 年也仅为 6 分左右（满分 10 分）。表明我国上市公司社会责任报告可能更偏重于一般性信息的披露，结合行业特征披露相关社会责任信息的程度较差。

表 4-8　2011~2016 年 RKS 社会责任报告评分结果——行业性（i）

年份	观测值（个）	均值	标准差	25%分位数	中位数	75%分位数	最小值	最大值
2011	447	1.11	0.98	0.42	0.91	1.60	0.00	4.84
2012	556	2.31	1.76	1.00	1.82	3.26	0.00	8.37
2013	593	1.02	0.64	0.50	0.88	1.51	0.00	2.33
2014	655	1.24	1.00	0.50	0.98	1.61	0.00	5.52
2015	693	1.57	1.11	0.78	1.37	2.08	0.00	5.75
2016	736	1.53	1.16	0.70	1.20	2.09	0.00	6.19
总计	3689	1.47	1.22	0.57	1.15	2.00	0.00	8.37

综上可以看出，RKS 社会责任报告评分的上升主要来源于整体性（M）指标和技术性（T）指标的改善，在内容性（C）指标这一企业社会责任履行方面的信息披露未得到实质性改善。整体性（M）指标平均得分 13.01 分，以其权重 30% 转换成百分制约为 43 分；内容性（C）指标平均得分 17.46 分，以其权重 45% 转换成百分制约为 39 分；技术性（T）指标平均得分 6.75 分，以其权重 15% 转换成百分制约为 45 分；行业性（i）指标平均得分 1.47 分，以其权重 10% 转换成百分制约为 15 分。换算之后各维度的分数具有可比性。可以看出，技术性（T）指标得分＞整体性（M）指标得分＞内容性（C）指标得分＞行业性（i）指标得分。其中，前二者分数基本相当。行业特征（i）指标是我国上市公司社会责任报告披露的短板，内容性（C）信息披露也亟待提高。

4.2.3　和讯网上市公司社会责任评测体系

1. 评测指标体系

和讯网上市公司社会责任评测体系由和讯网于 2013 年推出，是国内首家以公开客观公开数据构建的社会责任评测体系。该评测体系从股东责任，员工责任，供应商、客户和消费者权益责任，环境责任，以及社会责任五个维度设计指标体系，各项分别设立二级和三级指标，其中二级指标13个，三级指标37个。表4－9概括了和讯网社会责任评测体系的一级指标、二级指标及权重构成。三级指标内容较多，详见本书附录3。

表4－9　　　　　和讯网社会责任评测指标体系及权重

一级指标	二级指标
股东责任（A） 权重：30%	盈利（Aa），10%
	偿债（Ab），3%
	回报（Ac），8%
	信披（Ad），5%
	创新（Ae），4%
员工责任（B） 权重：15% （消费行业此项权重10%）	绩效（Ba），5%（4%）
	安全（Bb），5%（3%）
	关爱员工（Bc），5%（3%）
供应商、客户和消费者权益责任（C） 权重：15% （消费行业此项权重20%）	产品质量（Ca），7%（9%）
	售后服务（Cb），3%（4%）
	诚信互惠（Cc），5%（7%）
环境责任（D） 权重：20% ［制造业此项权重为30%］ ｛服务业此项权重为10%｝	环境治理（Dd），20%［30%］｛10%｝
社会责任（E） 权重：20% ［制造业此项权重为10%］ ｛服务业此项权重为30%｝	贡献价值（Ee），20%［10%］｛30%｝

注：（ ）内为消费行业权重，［ ］内为制造业权重，｛ ｝内为服务业权重。

资料来源：和讯股票，《和讯网上市公司社会责任报告专业评测体系发布》，http：//stock. hexun. com/2013－09－10/157898839. html。

在权重比例分配上，和讯网社会责任评测体系依据行业特性进行了调整：默认情况下，股东责任权重占30%，员工责任权重占15%，供应商、客户和消费者权益责任权重占15%，环境责任权重占20%，社会责任权重占20%。对于消费行业，员工责任权重占10%，供应商、客户和消费者权益责任权重占20%，其他指标权重保持不变；对于制造业，环境责任权重占30%，社会责任权重占10%，其他指标权重保持不变；对于服务业，环境责任权重占10%，社会责任权重占30%，其他指标权重保持不变。

具体指标的评分方面，如果是数值型指标，根据和讯数据中心模型计算给予得分；如果是逻辑型指标，根据社会责任报告是否披露该项指标及披露情况详细与否给予得分。根据评分结果，和讯网给出上市公司社会责任评级，具体分值区间如表4-10所示。

表4-10　　　和讯网上市公司社会责任评测等级评定

等级	分数区间
A	[100, 80]
B	(80, 60]
C	(60, 40]
D	(40, 20]
E	20以下

资料来源：和讯股票，《和讯网上市公司社会责任报告专业评测体系发布》，http：//stock. hexun. com/2013 - 09 - 10/157898839. html。

2. 评测结果统计分析

表4-11概括了2010~2016年和讯网上市公司社会责任评测的评级结果。虽然和讯网上市公司社会责任评测体系2013年才发布，但其利用历史数据对2010年以来上市公司的社会责任进行了评测，即数据回填。

表4-11　　2010~2016年和讯网上市公司社会责任评测——评级

评级	2010年	2011年	2012年	2013年	2014年	2015年	2016年
A（家）	1	13	25	15	5	12	14
占比（%）	0.04	0.49	0.88	0.48	0.14	0.34	0.39
B（家）	146	287	385	471	82	174	318
占比（%）	6.11	10.79	13.53	15.00	2.34	4.87	8.90

续表

评级	2010 年	2011 年	2012 年	2013 年	2014 年	2015 年	2016 年
C（家）	363	266	215	142	62	90	204
占比（%）	15. 19	10. 00	7. 55	4. 52	1. 77	2. 52	5. 71
D（家）	1853	2039	2155	2439	3263	3169	2941
占比（%）	77. 53	76. 65	75. 72	77. 68	93. 07	88. 67	82. 33
E（家）	27	55	66	73	94	129	95
占比（%）	1. 13	2. 07	2. 32	2. 32	2. 68	3. 61	2. 66
总计（家）	2390	2660	2846	3140	3506	3574	3572

从表 4 - 11 可以看出，和讯网社会责任评测的样本量要远远多于前面润灵环球社会责任报告评级体系的样本量。这是因为润灵环球社会责任报告评价是仅面向上市公司发布的社会责任报告，对于没有发布社会责任报告的上市公司，润灵环球评价体系不予评价。而和讯上市公司社会责任评测的数据来源不仅包括上市公司的社会责任报告，还包括上市公司的年报，而上市公司是有年报披露义务的，故和讯网上市公司社会责任评测的样本几乎覆盖全部 A 股。

从评级结果看，评级为 D 的上市公司占比 80% ~ 90%，属于绝大多数。换算为具体分值，相当于得分在 20 ~ 40 分，这与之前润灵环球社会责任报告评分均值区间基本重合。评级为 A 的上市公司占比极低，不到 1%。这些都表明中国 A 股上市公司社会责任履行水平总体偏低。

评级结果占比前三名为 D、B 和 C，A 和 E 两种评级结果一共占比约 3%，评级结果较为集中，尾部分布概率低。这表明中国 A 股上市公司社会责任履行水平有偏向均质化的特点，两端（极好或极差）的样本都极少。

表 4 - 12 概括了和讯网上市公司社会责任评测的评分结果。2010 ~ 2016 年总体平均分仅为 26 分（满分 100 分）。2014 年相比之前的评分有一次较大幅度的下降，这可能与 2013 年之前的评测结果为数据回填有关。2014 年以来，总体评分呈上升趋势，同时标准差也在不断扩大。从极端值

看，最高分维持在 90 分左右，但最低分不断下降，体现出中国 A 股上市公司在社会责任履行方面的巨大差异。

表 4 - 12　　　2010 ~ 2016 年和讯网上市公司社会责任评测——评分

年份	观测值（个）	均值	标准差	25%分位数	中位数	75%分位数	最小值	最大值
2010	2390	27.13	16.79	17.79	21.34	29.04	-8.69	85.77
2011	2660	28.31	18.81	17.66	22.38	30.44	-10.78	85.92
2012	2846	29.36	20.03	17.76	22.75	31.71	-14.81	89.12
2013	3140	28.55	20.17	17.49	21.76	29.39	-12.74	90.87
2014	3506	21.2	11.79	16.37	20.26	24.91	-15.12	88.09
2015	3574	22.57	14.82	16.43	20.72	25.72	-17.08	90.00
2016	3572	26.35	17.18	17.52	22.2	28.41	-18.17	87.25
总计	21688	25.94	17.38	17.18	21.54	27.6	-18.17	90.87

表 4 - 13 至表 4 - 17 分别概括了和讯网上市公司社会责任评测的一级指标评分结果。

表 4 - 13　　2010 ~ 2016 年和讯网上市公司社会责任评测——股东责任

年份	观测值（个）	均值	标准差	25%分位数	中位数	75%分位数	最小值	最大值
2010	2390	13.44	4.11	11.25	14.22	16.51	-9.91	20.47
2011	2660	14.11	5.83	10.72	15.07	17.91	-11.27	27.28
2012	2846	14.64	6.15	11.06	15.62	18.84	-11.69	28.01
2013	3140	14.40	5.88	11.44	15.19	17.86	-10.28	28.19
2014	3506	13.61	5.70	10.58	14.52	16.95	-13.12	27.84
2015	3574	13.53	6.26	10.56	14.56	17.19	-12.67	27.34
2016	3572	14.22	6.17	10.95	15.14	18.28	-11.80	27.83
总计	21688	13.99	5.84	10.92	14.87	17.49	-13.12	28.19

表 4 – 14　2010 ~ 2016 年和讯网上市公司社会责任评测——员工责任

年份	观测值（个）	均值	标准差	25%分位数	中位数	75%分位数	最小值	最大值
2010	2390	3.18	3.65	0.57	1.65	4.00	− 0.02	15.00
2011	2660	3.23	3.86	0.54	1.57	4.00	− 0.09	15.00
2012	2846	3.49	4.31	0.48	1.59	4.00	− 0.17	15.00
2013	3140	3.06	3.87	0.26	1.40	4.00	0.00	15.00
2014	3506	1.84	2.34	0.21	1.21	2.71	0.00	15.00
2015	3574	2.22	3.01	0.33	1.32	3.00	0.00	15.00
2016	3572	3.14	3.72	0.86	1.78	3.68	0.00	15.00
总计	21688	2.83	3.59	0.50	1.47	3.51	− 0.17	15.00

表 4 – 15　　　　2010 ~ 2016 年和讯网上市公司社会责任评测

——供应商、客户和消费者权益责任

年份	观测值（个）	均值	标准差	25%分位数	中位数	75%分位数	最小值	最大值
2010	2390	2.54	5.06	0.00	0.00	0.00	0.00	20.00
2011	2660	2.74	5.42	0.00	0.00	0.00	0.00	20.00
2012	2846	2.95	5.72	0.00	0.00	0.00	0.00	20.00
2013	3140	2.93	5.96	0.00	0.00	0.00	0.00	20.00
2014	3506	0.62	2.99	0.00	0.00	0.00	0.00	20.00
2015	3574	1.13	4.01	0.00	0.00	0.00	0.00	20.00
2016	3572	2.27	5.49	0.00	0.00	0.00	0.00	20.00
总计	21688	2.09	5.07	0.00	0.00	0.00	0.00	20.00

表 4 – 16　2010 ~ 2016 年和讯网上市公司社会责任评测——环境责任

年份	观测值（个）	均值	标准差	25%分位数	中位数	75%分位数	最小值	最大值
2010	2390	2.71	5.73	0.00	0.00	0.00	0.00	30.00
2011	2660	2.86	6.04	0.00	0.00	0.00	0.00	30.00
2012	2846	3.29	6.69	0.00	0.00	0.00	0.00	30.00
2013	3140	2.85	6.11	0.00	0.00	0.00	0.00	30.00
2014	3506	0.59	3.00	0.00	0.00	0.00	0.00	30.00
2015	3574	1.13	4.25	0.00	0.00	0.00	0.00	30.00
2016	3572	2.06	5.28	0.00	0.00	0.00	0.00	30.00
总计	21688	2.11	5.41	0.00	0.00	0.00	0.00	30.00

表 4 – 17　　2010 ~ 2016 年和讯网上市公司社会责任评测——社会责任

年份	观测值（个）	均值	标准差	25%分位数	中位数	75%分位数	最小值	最大值
2010	2390	5.27	4.94	2.50	4.24	7.26	– 15.00	30.00
2011	2660	5.37	4.87	2.60	4.50	7.50	– 15.00	29.00
2012	2846	5.00	4.67	2.49	4.32	7.19	– 15.00	30.00
2013	3140	5.31	4.93	2.54	4.47	7.27	– 15.00	30.00
2014	3506	4.55	4.10	2.45	4.09	6.44	– 15.00	29.03
2015	3574	4.57	4.32	2.46	4.12	6.57	– 15.00	29.27
2016	3572	4.66	4.17	2.45	4.17	6.50	– 15.00	28.47
总计	21688	4.92	4.55	2.49	4.27	6.92	– 15.00	30.00

如表 4 – 13 所示，股东责任得分历年来较为稳定，基本维持在 14 分左右，按其权重 30% 换算为百分制约 47 分，在 5 个一级指标中得分最高，表明股东利益在 A 股上市公司中处于首要地位。

如表 4 – 14 所示，2014 年以来员工责任平均得分呈现上升趋势，但得分水平较低，总体平均分为 2.83 分，按其权重 15% 换算为百分制约为 19 分。反映出 A 股上市公司在诸如员工培训、安全培训和关爱员工方面的工作存在巨大不足。

如表 4 – 15、表 4 – 16 所示，供应商、客户和消费者权益责任维度与环境责任维度的得分特点基本类似，二者平均得分总体都处于较低水平，总体平均分都在 2.10 左右。自 2014 年以来两个维度的得分呈现明显的上升趋势，各自平均分由 2014 年的 0.62 分、0.59 分上升至 2016 年的 2.27 分、2.06 分，接近于原来的 3 ~ 4 倍。另外，从分位数分布看，75% 分位数的得分仍为 0，表明 3/4 以上的 A 股上市公司并未披露供应商、客户和消费者权益责任与环境责任方面的信息。这些信息在年报中一般并不披露，而是在专门的社会责任报告中披露。而发布社会责任报告的 A 股上市公司在整个市场中占比不到 1/4，与这两个维度的数据特性相符。

如表 4 – 17 所示，社会责任平均得分自 2014 年以来没有明显单调趋势，非常平稳，基本在 4.60 分左右，按其默认权重 20% 换算为百分制约为 23 分。反映出 A 股上市公司在贡献价值（所得税与利润占比、公益捐赠金额）方面仍有很大提升空间。

4.2.4　上证和深证社会责任指数

1. 指数成分股入围标准、选样和调整方法

上证社会责任指数（SSE Social Responsibility Index），指数代码000048，简称"责任指数"，是以上证公司治理板块中在社会责任的履行方面表现良好的公司股票作为样本股编制而成的指数。该指数由上交所于2009年发布，以2009年6月30日为基期。

深证社会责任指数（SZSE CSR Price Index），指数代码399341，是以深证证券市场上在社会责任履行方面表现良好的公司作为样本股编制而成的指数。该指数由深交所于2009年发布，同样以2009年6月30日为基期。

沪深两个交易所在责任指数样本股选取和调整方面大体类似，下面以深证责任指数为例进行说明。表4-18概括了深证责任指数成分股入围标准以及选样方法。成分股的调整分为两种情况：定期调整和临时调整，如表4-19所示。

表 4 - 18　深证责任指数成分股入围标准以及选样方法

入围标准	选样方法
在深交所上市的非 ST、*ST 的 A 股	根据"（净利润＋税收＋员工工资＋借款利息）/净资产"计算结果从高到低进行排序
交易时间达到 6 个月	
考察期内股价无异常波动	
公司最近一年没有发生重大财务或者非正常事件	
公司最近一年经营没有出现重大亏损或异常事件	综合考虑企业在社区建设以及慈善事业中的贡献，选取 100 只表现最好的股票
公司最近一年在劳动者保护、信用、产品（服务）、环境保护等方面没有出现较大问题	
公司已披露社会责任报告	
公司在公司治理上表现突出，综合评分达到 75分，或者达到 70 分又较好进行社会责任建设	

资料来源：深证证券交易所，《深证企业社会责任指数编制方案》，http://www.szse.cn/marketServices/message/index/project/。

表4-19　　　　　　深证责任指数成分股调整时间和方法

定期调整		临时调整	
调整时间	每年7月的第一个交易日	调整时间	不定时
调整方法	对入围股票进行综合排名，排名在样本数70%范围之内的非原成份股按顺序入选	调整情形	样本股发生暂停上市、终止上市等情形
	排名在样本数130%范围之内的原成分股按顺序优先保留		发生重大违规行为情形
			发生违背其社会责任的特殊事件时
	每次样本股调整数量不超过样本总数的10%		发生收购、合并、分拆等情形时

资料来源：深证证券交易所，《深证企业社会责任指数编制方案》，http://www.szse.cn/marketServices/message/index/project/。

上证责任指数成分股选样时与深证责任指数略有不同，是根据每股社会贡献值排名，选取排名最高的前100位作为样本股。每股社会贡献值的定义如下：

$$每股社会贡献值 = (净利润 + 税收 + 员工工资 + 借款利息$$
$$+ 对外捐赠 - 社会成本)/净资产$$

即在公司为股东创造的每股收益的基础上，加上公司年内为国家创造的税收、向员工支付的工资、向银行等债权人给付的借款利息、公司对外捐赠额等为其他利益相关者创造的价值额，并扣除公司因环境污染等造成的其他社会成本，计算形成公司为社会创造的每股增值额。

2. 责任指数与 RKS 评价及和讯评测

上证和深证责任指数推出的目的是鼓励与促进上市公司积极履行社会责任，并为投资者提供新的投资标的指数，促进社会责任投资的发展。可以说，入选沪深两市责任指数的成分股应该是代表了交易所官方对上市公司在社会责任履行方面的认可。这也为研究企业社会责任提供了官方分组信息。我们以二元变量 $CSRI$ 来标志，如果当年该股票入选上证或深证责任指数，则 $CSRI = 1$；否则，$CSRI = 0$。由于责任指数样本股每年会定期调整和临时调整，一旦被剔除，则该股票当年 $CSRI$ 取值为0。本书附录4和附录5概括了上证和深证责任指数成分股的历史变动情况，我们据此对每只股票每年的 $CSRI$ 赋值。

如前所述，上证和深证责任指数的成分股是在门槛条件之上，根据几个简单定量指标（净利润、税收、员工工资、借款利息等）计算而得的数值排序选取的。与润灵环球社会责任报告评价指数与和讯网社会责任评测体系相比，责任指数编制的指标体系极为简单，优点是计算简单、定量数据难以造假。那么，依据这几个简单指标筛选出的责任指数成分股，在润灵环球社会责任报告评价指数与和讯网社会责任评测体系中表现如何？是否明显优于未入选责任指数的成分股呢？

表4-20概括了上证和深证责任指数成分股的RKS评分情况。将其与本章润灵环球社会责任报告评价指数中的全部样本RKS评分情况进行对比，如图4-3所示。可以看出，责任指数成分股的RKS评分与全部样本的RKS评分并没有显著区别，在总分、整体性（M）、内容性（C）、技术性（T）和行业特征（i）每个维度上几乎都没有差异。

表4-20　　　　　　　责任指数成分股的 RKS 评分

指标	观测值（个）	均值	标准差	25%分位数	中位数	75%分位数	最小值	最大值
总分	908	37.90	11.84	29.59	35.42	43.34	15.40	78.32
M	826	12.76	4.46	9.38	12.42	15.47	3.28	25.55
C	825	17.80	5.46	14.24	16.88	20.44	5.45	39.58
T	825	6.63	1.76	5.45	6.14	7.35	3.41	16.54
i	691	1.40	1.14	0.58	1.09	1.88	0.00	8.37

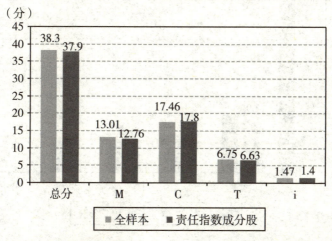

图4-3　RKS 评分对比——全样本与责任指数成分股

　　表4-21概括了上证和深证责任指数成分股的和讯（以下简称"HX"）评分情况。将其与本章和讯网上市公司社会责任评测体系中的全部样本HX评分情况进行对比，如图4-4所示。可以看出，责任指数成分股的HX评分明显高于全部样本的HX评分。责任指数成分股HX评测平均分为44.49分，比全部样本的平均分高出近20分。其中，在股东责任方面，责任指数成分股的HX评分与全样本几乎相同，但在员工责任、供应商客户和消费者权益责任、环境责任、社会责任四个维度方面，责任指数成分股都明显高于全部样本。

表4-21　　　　　　　　责任指数成分股的HX评分

指标	观测值（个）	均值	标准差	25%分位数	中位数	75%分位数	最小值	最大值
总分	1167	44.49	24.05	21.94	52.54	65.33	-8.88	90.87
股东责任	1167	15.39	6.29	11.70	15.80	19.72	-11.02	28.19
员工责任	1167	6.48	4.64	1.84	6.77	10.00	0.00	15.00
供应商等责任	1167	8.13	7.61	0.00	10.00	15.00	0.00	20.00
环境责任	1167	7.77	8.03	0.00	6.00	14.00	0.00	30.00
社会责任	1167	6.72	5.91	3.09	5.44	9.84	-15.00	28.48

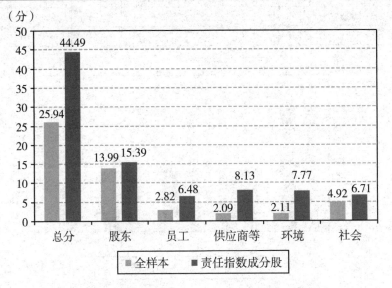

图4-4　HX评分对比——全样本与责任指数成分股

　　之所以会出现如上结果，根源在于 RKS 社会责任报告评价体系和 HX 社会责任评测体系的指标设计。如前所述，责任指数成分股的选取主要依赖几个定量财务指标，几乎全部来自财务报表信息。RKS 评分仅面向社会责任报告，几乎不依赖于财务报表信息；而 HX 评分不仅依赖于社会责任报告，也依赖于财务报表信息。这就造成了 RKS 评分与责任指数成分股的入选几乎没有联系，而 HX 评分与责任指数成分股的入选可能有一定的正相关性。

　　表 4 - 22 为三种企业社会责任度量的相关系数，可以看出，CSRI 与 HX 之间的相关系数约为 0.23，显著正相关。CSRI 与 RKS 之间的相关系数仅为 0.04，且不显著，即二者之间几乎没有相关性。RKS 与 HX 之间的相关系数为 0.03，在 0.1 水平上显著，具有较弱的正相关性。虽然三者之间总体呈现正相关，但相关系数很低，基本上可以认为互相独立。RKS 评分、HX 评分和责任指数 CSRI 可看作是基于不同视角的企业社会责任评价度量，为本章后续实证检验奠定了基础。

表 4 - 22　　　　三种企业社会责任度量的相关系数

	RKS	HX	CSRI
RKS	1.0000		
HX	0.0293 (0.0701)	1.0000	
CSRI	0.0413 (0.1725)	0.2272 (0.0000)	1.0000

注：括号内数值为 p 值。

4.3　社会责任信息披露与崩盘风险关系的实证研究

4.3.1　模型、样本与数据

　　如前所述，本节采用三个指标对企业社会责任信息进行度量，以沪深两市 A 股上市公司作为研究样本。如果以 RKS 评分和是否入选责任指数成分股 CSRI 作为企业社会责任评价指标，样本期为 2009～2016 年；如果以 HX 评分为企业社会责任评价指标，样本期为 2010～2016 年。所有样本公司市场交易和财务数据均来自国泰安 CSMAR 数据库，RKS 评分、HX 评分和责任指数成分股变动历史分别来自润灵环球官网、和讯网官网和同花顺 iFind 数据库。

在数据合并过程中，本节样本经过以下处理：（1）剔除金融业公司；（2）剔除股票被 ST、PT 的年份；（3）剔除财务数据缺失的样本；（4）剔除年度周收益率数据不足 30 个的公司；（5）为剔除异常值的影响，本节对连续变量在 1% 和 99% 水平上进行 Winsorize 缩尾处理。

为验证企业社会责任与股价崩盘风险之间的关系，本节设计了如下计量模型：

$$CR_{i,t} = \alpha + \beta RKS_{i,t-1} + \gamma CV_{i,t-1} + \varepsilon_{i,t} \tag{4.1}$$

$$CR_{i,t} = \alpha + \beta HX_{i,t-1} + \gamma CV_{i,t-1} + \varepsilon_{i,t} \tag{4.2}$$

$$CR_{i,t} = \alpha + \beta CSRI_{i,t-1} + \gamma CV_{i,t-1} + \varepsilon_{i,t} \tag{4.3}$$

本节所用的变量符号及定义如表 4-23 所示。其中，因变量股价崩盘风险 CR 采用两种方法度量，分别是负收益偏度系数 NCSKEW、收益下—上波动比率 DUVOL。

表 4-23 　　　　　　　　　　变量符号及定义

变量类型	变量符号	变量含义	计算方法
因变量	$NCSKEW_{i,t}$	负偏度系数	股票周收益的负偏程度，式（2.4）
	$DUVOL_{i,t}$	下—上波动比	股票周收益下—上波动比，式（2.5）
自变量	$RKS_{i,t-1}$	润灵环球评分	润灵环球官网发布
	$HX_{i,t-1}$	和讯网评分	和讯网官网发布
	$CSRI_{i,t-1}$	沪深责任指数	当年入选责任指数为 1，否则取值为 0
控制变量	$OPACITY_{i,t-1}$	会计信息不透明度	$t-1$ 年滞后 3 年应计盈余管理绝对值之和，式（3.5）
	$NCSKEW_{i,t-1}$	滞后一期的负偏度系数	$t-1$ 年 NCSKEW
	$DUVOL_{i,t-1}$	滞后一期的下—上波动比	$t-1$ 年 DUVOL

续表

变量类型	变量符号	变量含义	计算方法
控制变量	$DTO_{i,t-1}$	去趋势的月平均换手率	t 年的月均换手率与 $t-1$ 年月均换手率之差
	$SIGMA_{i,t-1}$	市场波动	$t-1$ 年公司特定收益率的标准差
	$RET_{i,t-1}$	市场收益	$t-1$ 年公司特定收益率均值
	$SIZE_{i,t-1}$	公司规模	$t-1$ 年末总资产的自然对数
	$BM_{i,t-1}$	账面市值比	$t-1$ 年资产总计/市值
	$LEV_{i,t-1}$	财务杠杆	$t-1$ 年资产负债率
	$ROA_{i,t-1}$	总资产收益率	$t-1$ 年净利润/总资产
	IND	行业	证监会 2012 年一级行业门类控制行业固定效应
	$YEAR$	年份	控制年份固定效应

控制变量的选取和第 3 章基本一致，但由于第 3 章已经识别出信息不透明度与股价崩盘风险有显著的正相关性，本节的控制变量新增信息不透明度。

自变量相比于因变量滞后一期，因为 RKS 评分、HX 评分的公布往往是滞后一期的，如 2016 年的 RKS 评分和 HX 评分要在 2017 年才可获得。责任指数 CSRI 的样本股调整也于每年 7 月左右才会公布。为了避免前瞻性偏差，都采取滞后一期数据。

4.3.2　实证结果与分析

表 4 - 24 概括了主要变量的描述性统计。可以看出，RKS 指标的样本量明显小于其他指标，约为其他指标样本量的 1/4。这与 RKS 评分仅面向发布社会责任报告的上市公司有关。控制变量中 $OPACITY$、BM、LEV、ROA 存在异常值，经过缩尾处理得到的结果如表 4 - 24 所示，分布状况理想。

表 4 - 24 主要变量描述性统计

变量	观测值（个）	均值	标准差	25%分位数	中位数	75%分位数	最小值	最大值
NCSKEW	17529	-0.514	0.979	-1.147	-0.676	-0.059	-2.639	2.395
DUVOL	17529	-0.586	0.851	-1.159	-0.667	-0.135	-2.341	1.888
RKS	4235	37.310	12.080	29.070	34.740	42.470	13.330	87.950
HX	14245	26.920	18.340	16.880	22.250	29.170	-17.080	90.870
CSRI	14456	0.074	0.261	0.000	0.000	0.000	0.000	1.000
OPACITY	13094	0.314	0.256	0.155	0.246	0.384	0.035	1.542
DTO	15241	-7.704	44.190	-27.410	-2.731	17.500	-160.300	90.790
SIGMA	15903	0.075	0.027	0.053	0.068	0.095	0.036	0.145
RET	15903	0.012	0.016	0.002	0.013	0.020	-0.034	0.050
SIZE	15903	21.890	1.274	20.970	21.730	22.620	19.130	25.550
BM	15626	0.926	0.859	0.370	0.640	1.150	0.090	4.479
LEV	15902	0.455	0.223	0.279	0.455	0.623	0.052	1.036
ROA	15902	0.037	0.058	0.013	0.035	0.065	-0.253	0.187

表 4 - 25 概括了主要变量的 Pearson 相关系数。从单变量相关性来看，RKS 评分与各崩盘风险度量指标之间几乎没有相关性；HX 评分与崩盘风险度量指标之间有正相关性，但相关系数极低；是否入选责任指数成分股 CSRI 与股价崩盘风险之间有负相关性，但并不显著。据此不能得出任何有意义的预测。总体而言，各变量之间相关系数都非常低，绝大部分都在 0.1 以内。说明变量之间不存在共线性问题。

表 4 - 26 概括了基于 RKS 评分的企业社会责任评价与下一期股价崩盘风险之间的回归结果。可以看出，二者呈现较为显著的负相关性，即 RKS 评分越高，企业社会责任报告信息披露质量越高，股价的负偏程度越低。

表 4 - 27 概括了基于 HX 评分的企业社会责任评价与下一期股价崩盘风险之间的回归结果。可以看出，二者呈现一定的负相关性，但结果并不稳健。在以 *DUVOL* 指标作为股价崩盘风险度量时，二者显著负相关；但在以 *NCSKEW* 作为股价崩盘风险度量时，二者的负相关性并不显著。

表 4 - 25　　变量相关系数

	NCSKEW	DUVOL	RKS	HX	CSRI	OPACITY	DTO	SIGMA	RET	SIZE	BM	LEV	ROA
NCSKEW	1												
DUVOL	0.9460 (0.0000)	1											
RKS	0.0022 (0.8840)	0.0279 (0.0690)	1										
HX	0.0500 (0.0000)	0.0333 (0.0001)	-0.0225 (0.1820)	1									
CSRI	-0.0016 (0.8460)	-0.0032 (0.7010)	0.0349 (0.0305)	0.2540 (0.0000)	1								
OPACITY	0.0048 (0.5840)	-0.0061 (0.4820)	-0.1460 (0.0000)	-0.0377 (0.0001)	-0.0164 (0.0735)	1							
DTO	0.0085 (0.2930)	0.0158 (0.0510)	0.0972 (0.0000)	-0.0344 (0.0001)	0.0392 (0.0000)	-0.0540 (0.0000)	1						
SIGMA	-0.0332 (0.0000)	0.0151 (0.0568)	-0.0619 (0.0001)	-0.1830 (0.0000)	-0.0465 (0.0000)	-0.0707 (0.0000)	0.2440 (0.0000)	1					

续表

	NCSKEW	DUVOL	RKS	HX	CSRI	OPACITY	DTO	SIGMA	RET	SIZE	BM	LEV	ROA
RET	0.1700 (0.0000)	0.1940 (0.0000)	-0.1490 (0.0000)	0.0816 (0.0000)	-0.0382 (0.0000)	0.0410 (0.0000)	-0.3080 (0.0000)	0.1780 (0.0000)	1				
SIZE	0.0038 (0.6360)	0.0189 (0.0171)	0.4230 (0.0000)	0.3790 (0.0000)	0.1820 (0.0000)	-0.1180 (0.0000)	0.1320 (0.0000)	-0.1310 (0.0000)	-0.1500 (0.0000)	1			
BM	0.0364 (0.0000)	0.0406 (0.0000)	0.1500 (0.0000)	0.1700 (0.0000)	0.0614 (0.0000)	-0.0232 (0.0085)	-0.0443 (0.0000)	-0.2310 (0.0000)	0.0480 (0.0000)	0.6090 (0.0000)	1		
LEV	-0.0188 (0.0180)	-0.0216 (0.0064)	0.0933 (0.0000)	-0.0177 (0.0434)	0.0812 (0.0000)	0.1070 (0.0000)	0.0899 (0.0000)	-0.0144 (0.0696)	-0.0275 (0.0005)	0.4020 (0.0000)	0.5410 (0.0000)	1	
ROA	0.0187 (0.0185)	0.0065 (0.4150)	-0.0017 (0.9150)	0.3800 (0.0000)	0.0698 (0.0000)	-0.0271 (0.0019)	-0.0707 (0.0000)	-0.0527 (0.0000)	0.0533 (0.0000)	0.0423 (0.0000)	-0.2370 (0.0000)	-0.4130 (0.0000)	1

注：括号内为 p 值。

表 4 - 26　　　　企业社会责任与股价崩盘风险——基于 RKS 评分

	$NCSKEW_t$	$DUVOL_t$
RKS_{t-1}	− 0.0023 **	− 0.0020 **
	(0.0011)	(0.0009)
$OPACITY_{t-1}$	0.0470	0.0551
	(0.0578)	(0.0490)
$NCSKEW_{t-1}$	− 0.0084	
	(0.0200)	
$DUVOL_{t-1}$		− 0.0040
		(0.021)
DTO_{t-1}	− 0.0005	− 0.0002
	(0.0005)	(0.0005)
$SIGMA_{t-1}$	2.6422 **	1.6128 **
	(1.0574)	(0.8974)
RET_{t-1}	1.5805	2.6076
	(1.8559)	(1.7077)
$SIZE_{t-1}$	0.0819 ***	0.0902 ***
	(0.0133)	(0.0113)
BM_{t-1}	− 0.1188 ***	− 0.1148 ***
	(0.0176)	(0.0149)
LEV_{t-1}	− 0.0622	− 0.0362
	(0.0875)	(0.0741)
ROA_{t-1}	0.6285 **	0.2352 ***
	(0.2671)	(0.2260)
$Constant$	− 1.7498 ***	− 1.9038
	(0.3262)	(0.2760)
年份	控制	控制
行业	控制	控制
观测值	3722	3722
调整 R^2	0.493	0.512

注：***、**、*分别表示在 1%、5%、10%的水平上显著，括号内为标准差。

表 4 - 27　　　　企业社会责任与股价崩盘风险——基于 HX 评分

	$NCSKEW_t$	$DUVOL_t$
HX_{t-1}	-0.0008 (0.0005)	-0.0013 *** (0.0004)
$OPACITY_{t-1}$	0.1342 *** (0.0312)	0.1097 *** (0.0265)
$NCSKEW_{t-1}$	0.0076 (0.0120)	
$DUVOL_{t-1}$		0.0033 (0.0131)
DTO_{t-1}	-0.0006 ** (0.0003)	-0.0003 (0.0003)
$SIGMA_{t-1}$	1.5085 ** (0.6347)	1.6360 *** (0.5384)
RET_{t-1}	3.0803 *** (1.0685)	2.7702 *** (0.9868)
$SIZE_{t-1}$	0.0868 *** (0.0091)	0.1001 *** (0.0078)
BM_{t-1}	-0.1246 *** (0.0130)	-0.1301 *** (0.0110)
LEV_{t-1}	0.0736 (0.0463)	0.0402 (0.0392)
ROA_{t-1}	0.3303 ** (0.1596)	0.1299 (0.1351)
$Constant$	-3.1063 *** (0.2055)	-3.5036 *** (0.1740)
年份	控制	控制
行业	控制	控制
观测值	10342	10342
调整 R^2	0.520	0.519

注：***、**、*分别表示在1%、5%、10%的水平上显著，括号内为标准差。

表4-28 概括了基于是否入选责任指数成分股 CSRI 与下一期股价崩盘风险之间的回归结果。可以看出，二者之间的相关性完全不显著，意味着是否入选责任指数成分股对下一期的股价崩盘风险在统计上几乎没有影响。

表 4-28　　企业社会责任与股价崩盘风险——基于是否入选 CSRI

	$NCSKEW_t$	$DUVOL_t$
$CSRI_{t-1}$	0.0155	0.0137
	(0.0244)	(0.0207)
$OPACITY_{t-1}$	0.1185***	0.1001***
	(0.0291)	(0.0246)
$NCSKEW_{t-1}$	-0.0005	
	(0.0115)	
$DUVOL_{t-1}$		-0.0042
		(0.0125)
DTO_{t-1}	-0.0045*	-0.0002
	(0.0003)	(0.0002)
$SIGMA_{t-1}$	1.6890***	1.5917***
	(0.5972)	(0.5057)
RET_{t-1}	1.9280*	1.9657**
	(1.0163)	(0.9328)
$SIZE_{t-1}$	0.0624***	0.0755***
	(0.0080)	(0.0067)
BM_{t-1}	-0.1107***	-0.1185***
	(0.0124)	(0.0105)
LEV_{t-1}	0.0625	0.0393
	(0.0427)	(0.0362)
ROA_{t-1}	0.1736	-0.1101
	(0.1370)	(0.1159)
Constant	-2.0567***	-2.4550***
	(0.1859)	(0.1574)
年份	控制	控制
行业	控制	控制
观测值	11630	11630
调整 R^2	0.486	0.496

注：***、**、*分别表示在1%、5%、10%的水平上显著，括号内为标准差。

上述结果乍看令人吃惊，但仔细想来却有其道理。是否会对股价崩盘风险产生显著的边际影响，关键看社会责任评价是否新增了有效信息。如前所述，RKS 评分指标体系最为复杂，终端采分点多达 300 个。专家评价参与程度最深，多个非财务信息指标的评价需要依赖深入阅读社会责任报告方能给出评分。如此得出的 RKS 评分，向市场额外补充了高质量的非财务信息评价，提高了信息透明度，从而降低了股价崩盘风险。

HX 评分体系相比于 RKS 评分体系要简单一些，三级指标仅有 37 个；评分以模型计算为主，专家评价参与程度较少。这一评价方法的好处是计算相对简便，覆盖面广，但新增信息的有效性难以保证，故与股价崩盘风险之间的关系并不稳健。

责任指数成分股入选与否的量化排序指标最简单，基本上是已有财务信息指标的再次简单组合，指标数量仅为 4~5 个，几乎完全不需要依赖专家评价。难以想象凭此会新增有效信息，自然对股价崩盘风险的边际影响贡献几乎为零。

4.3.3 社会责任、信息透明度与股价崩盘风险

前述实证检验是在控制会计信息不透明度（*OPACITY*）基础上进行的。正如第 3 章所讨论，信息不透明度也有多种不同维度的度量，如果控制其他形式的信息不透明度，是否会对前节的结果产生影响呢？

表 4-29 概括了在控制金融市场信息不透明度（*SYNCH*）后，RKS 评分与股价崩盘风险之间的回归结果。可以看出，RKS 评分仍然与下一期的股价崩盘风险呈现显著的负相关性，与表 4-26 的结论基本一致。

表 4-29   RKS 评分与股价崩盘风险——控制市场信息不透明度

	$NCSKEW_t$	$DUVOL_t$
RKS_{t-1}	-0.0021 * (0.0011)	-0.0019 ** (0.0009)
$SYNCH_t$	0.0854 *** (0.0157)	0.0733 *** (0.0133)

续表

	$NCSKEW_t$	$DUVOL_t$
$NCSKEW_{t-1}$	-0.0172 (0.0193)	
$DUVOL_{t-1}$		-0.0135 (0.0206)
DTO_{t-1}	-0.0005 (0.0004)	-0.0003 (0.0004)
$SIGMA_{t-1}$	3.8999 *** (1.0348)	2.7344 (0.8787)
RET_{t-1}	0.1021 (1.8004)	1.2354 (1.6554)
$SIZE_{t-1}$	0.0640 *** (0.0128)	0.0741 *** (0.0108)
BM_{t-1}	-0.1191 *** (0.0171)	-0.1145 *** (0.0145)
LEV_{t-1}	-0.0329 (0.0837)	-0.0126 (0.0710)
ROA_{t-1}	0.8114 *** (0.2578)	0.4069 ** (0.2182)
$Constant$	-1.4493 *** (0.3116)	-1.6322 *** (0.2639)
年份	控制	控制
行业	控制	控制
观测值	4012	4012
调整 R^2	0.498	0.519

注：***、**、* 分别表示在1%、5%、10%的水平上显著，括号内为标准差。

表4-30概括了在控制金融市场信息不透明度（SYNCH）后，HX 评分与股价崩盘风险之间的回归结果。可以看出，此时 HX 评分与股价崩盘风险的负相关性增强。以 NCSKEW 作为股价崩盘风险度量时，HX 评分与下一期股价崩盘风险在10%水平上显著。

表 4 – 30　　　HX 评分与股价崩盘风险——控制市场信息不透明度

	$NCSKEW_t$	$DUVOL_t$
HX_{t-1}	-0.0007 * (0.0004)	-0.0014 *** (0.0003)
$SYNCH_t$	0.0609 *** (0.0090)	0.0501 *** (0.0076)
$NCSKEW_{t-1}$	0.0051 (0.0108)	
$DUVOL_{t-1}$		-0.0002 (0.0115)
DTO_{t-1}	-0.0006 *** (0.0002)	-0.0005 *** (0.0002)
$SIGMA_{t-1}$	2.0917 *** (0.5545)	2.0292 *** (0.4682)
RET_{t-1}	2.0859 ** (0.9619)	2.1109 ** (0.8786)
$SIZE_{t-1}$	0.0604 *** (0.0080)	0.0782 *** (0.0068)
BM_{t-1}	-0.1234 *** (0.0120)	-0.1294 *** (0.0102)
LEV_{t-1}	0.0738 * (0.0392)	0.0345 (0.0331)
ROA_{t-1}	0.2521 * (0.1334)	0.0224 (0.1125)
Constant	-1.9851 *** (0.1816)	-2.4590 *** (0.1532)
年份	控制	控制
行业	控制	控制
观测值	13566	13566
调整 R^2	0.491	0.505

注: ***、**、* 分别表示在 1%、5%、10% 的水平上显著，括号内为标准差。

在控制金融市场信息不透明度（*SYNCH*）后，是否入选责任指数成分股 CSRI 与下一期股价崩盘风险之间仍然没有显著关系。这里不再列出。

深交所信息披露考评结果是一个较为综合的信息透明度度量。正如第 3 章分析，当年考评结果为 C 或 D 的上市公司，说明在综合信息披露方面质量较差，可能存在不真实、不准确、不完整、不及时或不公平等问题。本节根据信息披露考评结果将样本股分为两组子样本：当年考评结果为 A 或 B 的上市公司为好组，当年考评结果为 C 或 D 的上市公司为差组。并分别在两组子样本中重复式（4.1）至式（4.3）代表的计量模型回归。

表 4 – 31 概括了基于信息披露考评结果分组后，RKS 评分与股价崩盘风险的回归结果。可以看出，好组 RKS 评分与股价崩盘风险之间的负相关关系仍然十分显著，但在差组 RKS 评分与股价崩盘风险之间的关系不再显著。表明在信息披露质量好组，RKS 评分显著的新增有效信息供给，企业社会责任报告提高了企业信息透明度，进而降低了股价崩盘风险；但在信息披露质量差组，RKS 评分不能显著增加有效信息供给，企业社会责任报告的有效信息含量不足，难以推断其与股价崩盘风险之间的明确关系。从样本量来看，好组样本为 1292 个，而差组样本仅为 129 个，好组样本数量远远多于差组，这也体现出发布社会责任报告的企业大多信息披露工作质量优良。在不区分子样本进行总体回归时，好组样本占据主导地位，从而总体体现出显著的负相关性。

表 4 – 31　　RKS 评分与股价崩盘风险——基于信息披露考评分组

	好组		差组	
	$NCSKEW_t$	$DUVOL_t$	$NCSKEW_t$	$DUVOL_t$
RKS_{t-1}	− 0. 0039 ** (0. 0020)	− 0. 0037 ** (0. 0018)	0. 0129 (0. 0105)	0. 0115 (0. 0092)
$OPACITY_{t-1}$	0. 0846 (0. 0929)	0. 0552 (0. 0810)	− 0. 0091 (0. 4202)	0. 1125 (0. 3666)
$NCSKEW_{t-1}$	− 0. 0415 (0. 03340)		0. 0245 (0. 1453)	

续表

	好组		差组	
	$NCSKEW_t$	$DUVOL_t$	$NCSKEW_t$	$DUVOL_t$
$DUVOL_{t-1}$		-0.0458 (0.0360)		-0.0492 (0.1508)
DTO_{t-1}	-0.0016 (0.0009)	-0.0004 (0.0008)	0.0042 (0.0027)	0.0026 (0.0024)
$SIGMA_{t-1}$	3.6454 (1.7760)	2.3104 (1.5559)	-1.6068 (8.1440)	4.2328 (7.1854)
RET_{t-1}	0.5188 (2.8295)	0.6492 (2.7065)	13.9688 (16.1111)	11.0752 (14.6195)
$SIZE_{t-1}$	0.1397 (0.0235)	0.1387*** (0.0205)	0.04199 (0.0908)	0.0969 (0.0793)
BM_{t-1}	-0.1105 (0.0316)	-0.1156*** (0.0275)	0.00132 (0.1587)	0.0328 (0.1389)
LEV_{t-1}	-0.3519 (0.1522)	-0.2654** (0.1328)	0.4105 (0.6351)	0.1957 (0.5551)
ROA_{t-1}	0.7296 (0.4347)	0.4474 (0.3789)	0.9360 (1.5003)	0.4581 (1.3016)
$Constant$	-3.2014 (0.5715)	-3.0328*** (0.4981)	-0.8652 (2.1010)	-2.6638 (1.8229)
年份	控制	控制	控制	控制
行业	控制	控制	控制	控制
观测值	1292	1292	129	129
调整 R^2	0.544	0.545	0.351	0.378

注：***、**、*分别表示在1%、5%、10%的水平上显著，括号内为标准差。

表4-32概括了基于信息披露考评结果分组后，HX评分与股价崩盘风险的回归结果。与表4-31的结果类似，好组HX评分与股价崩盘风险之间的负相关关系显著，但在差组HX评分与股价崩盘风险之间的关系不显著。这一结果同样说明如果结合综合信息透明度，企业社会责任信息将更有助于增加对股价崩盘风险的边际影响力。

表 4 – 32　　　　　HX 评分与股价崩盘风险——基于信息披露考评分组

	好组		差组	
	$NCSKEW_t$	$DUVOL_t$	$NCSKEW_t$	$DUVOL_t$
HX_{t-1}	– 0. 0013 **	– 0. 0018 ***	– 0. 0020	– 0. 0023
	(0. 0006)	(0. 0006)	(0. 0018)	(0. 0015)
$OPACITY_{t-1}$	0. 1416 ***	0. 0937 **	0. 2481 **	0. 1902 **
	(0. 0448)	(0. 0383)	(0. 1125)	(0. 9407)
$NCSKEW_{t-1}$	– 0. 0007		– 0. 0204	
	(0. 0169)		(0. 0458)	
$DUVOL_{t-1}$		– 0. 0102		– 0. 0423
		(0. 0183)		(0. 0489)
DTO_{t-1}	– 0. 0005	– 0. 0000	0. 0009	0. 0003
	(0. 0004)	(0. 0003)	(0. 001)	(0. 0008)
$SIGMA_{t-1}$	1. 9069 **	1. 2836 *	0. 5438	1. 7946
	(0. 8779)	(0. 7507)	(2. 2607)	(1. 8911)
RET_{t-1}	2. 1756	2. 1047	5. 3000	3. 6369
	(1. 4115)	(1. 3070)	(3. 8810)	(3. 4822)
$SIZE_{t-1}$	0. 0904 ***	0. 1100 ***	0. 1484 ***	0. 1826 ***
	(0. 0146)	(0. 0124)	(0. 0392)	(0. 0328)
BM_{t-1}	– 0. 0981 ***	– 0. 1217 ***	– 0. 0423	– 0. 0773
	(0. 0207)	(0. 0177)	(0. 0637)	(0. 0533)
LEV_{t-1}	– 0. 0122	– 0. 0534	0. 1554	0. 0502
	(0. 0701)	(0. 0600)	(0. 1444)	(0. 1210)
ROA_{t-1}	0. 6962 ***	0. 4682 **	– 0. 2779	– 0. 5922
	(0. 2330)	(0. 1989)	(0. 4431)	(0. 3705)
$Constant$	– 2. 6751 ***	– 3. 1240 ***	– 3. 4820 ***	– 4. 4217 ***
	(0. 3234)	(0. 2763)	(0. 8501)	(0. 7118)
年份	控制	控制	控制	控制
行业	控制	控制	控制	控制
观测值	5306	5306	851	851
调整 R^2	0. 513	0. 516	0. 425	0. 459

注：***、**、* 分别表示在 1%、5%、10% 的水平上显著，括号内为标准差。

对于是否入选责任指数成分股 CSRI，我们也对其依据信息披露考评结果进行了分组子样本回归，发现好组中 CSRI 回归系数为负，差组中 CSRI 回归系数为正，但都不显著。回归结果这里不再列出。这一结果说明信息披露考评分组虽然有助于提升识别 CSRI 与股价崩盘风险之间的关系，但总体而言，CSRI 新增有效信息含量极少，难以对股价崩盘风险产生新的边际影响贡献。

4.4 小结

在第 2 章和第 3 章的基础上，本章对企业社会责任这类非财务信息披露与股价崩盘风险之间的关系展开研究。研究表明：（1）企业社会责任信息披露与股价崩盘风险之间的负相关关系并不稳健，依赖于企业社会责任评价方式。润灵环球社会责任报告评价指数（RKS）因其指标体系丰富、专家判断参与程度高，在新增有效信息供给方面效果最好；和讯网社会责任评测体系（HX）的指标体系相比而言较为简单，专家判断参与程度较低，在新增有效信息供给方面效果不确定；上证和深证责任指数（CSRI）的指标体系最为简单，基本来源于定量财务信息，且几乎不依赖于专家参与判断，在新增有效信息供给方面几乎没有效果。（2）如果将企业社会责任信息披露和综合信息透明度联系起来进行分析，综合信息透明度高的企业，社会责任信息披露能够更有效地提供新增信息，减小公司内部与外部的信息不对称程度，从而降低股价崩盘风险。

本章的研究结果也表明，一方面，我国企业社会责任履行水平总体较低。发布企业社会责任报告大多是为了应付证监会、交易所的强制披露要求[①]，报告存在照搬套用嫌疑。要想改善企业社会责任履行和信息披露，需要监管部门的引导、媒体的监督和社会大众对自身合法权益的维护等多方面共同努力。另一方面，不同的企业社会责任评价体系可能导致不同的

---

① 上交所强制要求三类企业必须发布企业社会责任报告：上交所上市的金融企业、上交所标准治理板块的成分股企业、既在 A 股上市又在境外上市的企业。深交所强制要求深交 100 指数成分股必须发布社会责任报告。

评价结果。目前，市场上对企业社会责任进行评价的体系层出不穷，迫切需要在国际标准基础上建立有效的、适应中国国情的本土版社会责任评价标准，引导企业规范社会责任实际履行和信息披露。

第5章

内部人交易与股价崩盘风险

第3章和第4章分别从上市公司自身披露财务、非财务等各种类型信息以及监管部门对信息披露工作质量的评价角度对其与股价崩盘风险的关系展开研究。但信息不仅来源于语言披露，还可能来源于行为。子曰："今吾于人也，听其言而观其行。"在信息不对称的现实环境中，处于信息劣势的投资者往往会通过观测处于信息优势投资者的交易行为来推测其私有信息，进而影响估值判断。

公司内部人（包括董事、监事、高级管理人员、大股东及其近亲属等）是典型的、被认为具有信息优势的交易者。内部人交易行为，在资本市场上究竟传达了什么信息？本章试图从股价崩盘风险视角，对内部人交易行为的经济后果进行研究。具体来说，包括内部人交易行为与股价崩盘风险之间是否有关系，是何种关系，二者之间的关系通过什么途径传导等问题。

5.1 内部人交易：概念、机理与后果

内部人交易问题源于管理层股权激励制度的建立。该制度又源于现代公司所有权与经营权分离引起的委托代理问题。工业革命以来，公司为了集聚更多资本并提高效率，纷纷采用了股份制形式，即出资人不直接参与公司经营决策，而是以股东大会聘用职业经理人的方式实现对公司的间接

管理。虽然该制度有效提高了资本运作效率，扩大了企业规模，但两权分离带来的委托代理问题却日益凸显（Jensen and Meckling，1976），问题的核心在于管理层的报酬机制。20 世纪 70 ~ 80 年代，在以美国为代表的西方国家，职业经理人的薪酬制度是建立在所管理公司的规模上，而非业绩上的。由此带来美国战后经济的大发展，以及公司盲目扩张而造成的社会资源大浪费，资本市场的大动荡。

为了解决这一难题，20 世纪 90 年代学者提出以股权或股票期权为激励的职业经理人回报制度，目的在于统一管理层与股东的利益。为了保证管理层持股的流动性以使股票的市场价值能够成为其现实收入，允许内部人参与股票二级市场交易成为必备前提。

在中国，内部人交易是股权分置改革以来的新现象。2005 年开始的股权分置改革消除了非流通股和流通股的流通制度差异，使得大股东能够在证券市场交易公司股票。对于董事、监事、高管等公司内部人，2004 年《中华人民共和国公司法》第 147 条第 2 款规定："公司董事、监事、经理应当向公司申报所持有的本公司的股份，并在任职期间内不得转让。"这一条款在 2005 年新《中华人民共和国公司法》中进行了修改。2005 年新《中华人民共和国公司法》第 142 条规定："发起人持有的本公司股份，自公司成立之日起一年内不得转让。公司公开发行股份前已发行的股份，自公司股票在证券交易所上市交易之日起一年内不得转让。公司董事、监事、高级管理人员应当向公司申报所持有的本公司的股份及其变动情况，在任职期间每年转让的股份不得超过其所持有本公司股份总数的百分之二十五；所持本公司股份自公司股票上市交易之日起一年内不得转让。上述人员离职后半年内，不得转让其所持有的本公司股份。公司章程可以对公司董事、监事、高级管理人员转让其所持有的本公司股份作出其他限制性规定。"该条规定于 2006 年 1 月 1 日起施行，由此开启了内部人交易的正式合法化。

"内部人交易"一词在本书中指上市公司的董事、监事、高级管理人员、大股东及其近亲属等关系密切的交易者在二级市场上买卖本公司股票的行为。这些主体对公司经营状况以及可能影响股票定价的信息较其他人更为了解，或更具获取的便利性与及时性，因而在股票二级市场中处于优势地位。

"内部人交易"一词在国内外并无严格而统一的定义，且常与"内幕交易""内部人短线交易"混淆。以下做简要辨析：

"内部人交易"与"内幕交易"是最易被混淆的两个概念。英文中，二者均为"insider trading"，例如利兰（Leland，1992）在探讨内幕交易与市场定价效率、市场公平时，以该词指"内幕交易"；而奥尔德雷奇（Alldredge，2015）在探讨内部人交易的超额收益是否源自对公开信息更精准的判断时，以该词指"内部人交易"。

在法律上，内部人交易为大多数国家所许可，而内幕交易非法。内部人交易的合法性为公司股权激励措施的有效提供了法律基础，若内部人任职期间被禁止参与本公司股票交易，则管理层所得股票无法转换为实际收入，股权激励制度便无法将其利益与公司利益相统一，进而无法消减公司的委托代理问题。内幕交易则指影响公司股价的未披露信息的知情人利用该信息从事交易活动谋取超额利润的行为，其实施主体不仅包括公司内的董事、监视、高级管理人员、大股东，还包括证券交易所、律师事务所、会计师事务所、证券承销商等多种外部主体。对其绝对禁止，意在维护市场信息平等，防止市场沦为少数人的圈钱工具。

内部人交易的一种特殊情况为"内部人短线交易"，即内部人短期内①对本公司股票做出相反方向的交易。《中华人民共和国证券法》第 47 条将该行为认定为非法，并规定了公司对该交易收益的归入权。这是因为内部人从事短线交易时，更易利用自身的信息优势地位，凭借未披露的重大消息获利，进而损害公司与其他市场参与者的合法权利。而合法的内部人交易，通常是 6 个月内的单向操作。

本章将基于公开的内部人交易信息进行分析，其中不含上述违反法律、法规、规章的情形。但这并不排除内部人利用内幕消息从事交易活动的情形。

国内外关于内部人交易的既有研究大多围绕是否带来超额收益、超额收益的来源以及公司治理和法律规范能够抑制这一现象等问题展开。早在

---

① 《中华人民共和国证券法》第 47 条将该期限规定为 6 个月。

20 世纪 70 年代，西方学者基于美国资本市场的研究就揭示了内部人占有更多信息，通过交易所在公司的股票而获得超额收益（Jaffe，1974；Finnerty，1976）。我国学者的研究也表明，中国资本市场上内部人交易同样获得了超额收益，该收益既可以是短线的，也可以是长期的、持续的（曾庆生，2008；曾亚敏、张俊生，2009）；既可以是内部人本人获得的，也可是其亲属获得的（张俊生、曾亚敏，2011）。

内部人交易超额收益的来源为何，至今仍在探讨。一般而言，内部人较外部投资者居于更高的信息优势地位，该优势可能存在于两个方面。一方面，内幕信息优势与公开信息判断优势（Lakonishok and Lee，2001）。利用内幕信息进行交易在世界各国均被视为破坏市场秩序的违法犯罪行为，在政令畅通、规制严格的国家，利用内幕信息进行交易的行为要承担高额成本（如没收违法所得并处以巨额罚款、行政处罚、刑法处罚），不属于正常的内部人交易研究范畴。另一方面，内部人凭借自身对公司的充分了解，关注不为大众所在意的公开信息，得出外部交易者所不曾得出的结论，以此套利，在获取超额收益的同时修正了市场价格（Alldredge and Cicero，2015）。此外，内部人能够联系相关产业的实际情况，对公开信息的相关产业信息做出更为全面的判断，这一点是外部人难以达到的。例如，当产业链下游企业的股票存在超额收益时，内部人能够预测到位于上游的本企业股票未来也存在超额收益（Cohen and Frazzini，2008；Menzly and Ozbas，2010）。国内学者在考察内部人交易和信息优势利用时发现：高管卖出主要利用了估值判断优势，高管买入主要利用了业绩预测优势（朱茶芬等，2010；朱茶芬等，2011）；公司高管可能是基于业绩预测优势进行交易，而公司高管亲属可能是基于尚未公开的重大信息进行交易（曾庆生，2014）。

内部人虽然对公开信息有着外部人难以等同的判断力，但利用内幕信息或操纵信息披露以获得超额收益的情况依然存在。现有的诸多研究均证明，内部人利用非公开信息获利的情况确实存在（Finnerty，1976；Aboody，2005），其大多通过盈余管理（Sawicki and Shrestha，2008）、控制信息披露时机（Nagar、Nanda and Wysocki，2003）等方式获得超额收益。

管理层股权激励试图通过将公司在管理层任期内的发展利益与管理层利益统一来解决委托—代理问题，但这只能解决短期矛盾，长期利益矛盾仍然存在。企业高管为谋求个人利益而追求短期股价的上升，将公司资本投入不利于企业长期发展，甚至高风险的项目中，并隐瞒相关负面消息（Benmelech、Kandel and Veronesi，2010），以此骗取市场对其所持股票的偏高估值。但这种隐瞒只能维持一时，一旦败露，便会使负面消息井喷式释放，进而引起股价剧烈下跌，即"崩盘"（crash）。从价格的一阶变动（收益率）或二阶变动（波动率）视角，对内部人交易的经济后果及其机理进行的研究已经较多，本章试图从三阶变动（负偏度：股价崩盘风险度量指标）视角，对内部人交易的经济后果进行研究，并试图对其中的机理进行探索。

5.2 内部人交易与股价崩盘风险的实证研究

5.2.1 模型、样本与数据

本章选取中国 A 股上市公司作为研究样本，样本期为股权分置改革以来，即 2007～2016 年。所有样本公司市场交易和财务数据均来自国泰安 CSMAR 数据库，内部人交易数据来自 Wind 金融数据终端。

在数据合并过程中，本章样本经过以下处理：（1）剔除金融业公司；（2）剔除股票被 ST、PT 的年份；（3）剔除财务数据缺失的样本；（4）剔除年度周收益率数据不足 30 个的公司；（5）为剔除异常值的影响，本章对连续变量在 1% 和 99% 水平上进行 Winsorize 缩尾处理。经过上述筛选，最终得到 1568 只股票的 15452 个公司—年份观测样本。

为验证内部人交易与股价崩盘风险之间的关系，本章设计了如下计量模型：

$$CR_{i,t} = \alpha + \beta IT_{i,t-1} + \gamma CV_{i,t-1} + \varepsilon_{i,t} \tag{5.1}$$

$$CR_{i,t} = \alpha + \beta IT\_NUM_{i,t-1} + \gamma CV_{i,t-1} + \varepsilon_{i,t} \tag{5.2}$$

本章所用的变量符号及定义如表 5–1 所示。其中，因变量股价崩盘风险 CR 采用两种方法度量，分别是负收益偏度系数 NCSKEW、收益下—上波动比率 DUVOL。

表 5-1　　　　　　　　　　　　　　**变量符号及定义**

变量类型	变量符号	变量含义	计算方法
因变量	$NCSKEW_{i,t}$	负偏度系数	股票周收益的负偏程度，式（2.4）
	$DUVOL_{i,t}$	下一上波动比	股票周收益下一上波动比，式（2.5）
自变量	$IT_{i,t-1}$	内部人交易	$t-1$ 年是否发生内部人交易，发生取值为 1；否则取值为 0
	$IT\_NUM_{i,t-1}$	内部人交易净比例	$t-1$ 年内部人交易量的净股数占该公司全部流通股数量的千分比
控制变量	$OPACITY_{i,t-1}$	会计信息不透明度	$t-1$ 年滞后 3 年应计盈余管理绝对值之和，式（3.5）
	$DTO_{i,t-1}$	去趋势的月平均换手率	t 年的月均换手率与 $t-1$ 年月均换手率之差
	$SIGMA_{i,t-1}$	市场波动	$t-1$ 年公司特定收益率的标准差
	$RET_{i,t-1}$	市场收益	$t-1$ 年公司特定收益率均值
	$SIZE_{i,t-1}$	公司规模	$t-1$ 年末总资产的自然对数
	$MB_{i,t-1}$	市值账面比	$t-1$ 年权益市值/账面值
	$LEV_{i,t-1}$	财务杠杆	$t-1$ 年资产负债率
	$ROA_{i,t-1}$	总资产收益率	$t-1$ 年净利润/总资产
	$DUAL_{i,t-1}$	两职兼任	董事长兼任 CEO，是为 1；否则为 0
	$INSHLDR_{i,t-1}$	机构投资者持股比例	$t-1$ 年机构投资者持股比例合计，持股比例大于中位数为 1；否则为 0
	$BIGHLDR_{i,t-1}$	大股东持股比例	$t-1$ 年第一大股东持股比例
	IND	行业	控制行业固定效应
	$YEAR$	年份	控制年份固定效应

　　自变量内部人交易用两种方式度量。第一种以二元变量 $IT_{i,t}$（insider trading，IT）来表示，如果公司 i 在第 t 年发生了内部人交易，不论买卖方向如何，IT 取值为 1，否则为 0。第二种度量 $IT\_NUM_{i,t}$，定义为公司 i 在第 t 年的内部人净交易股数占该公司所有流通股数量的千分比。如当年内部人交易为净卖出，则该值为负数，净买入则为正数。为方便考察内部人买入和卖出两种方向的交易行为对股价崩盘风险的影响，将净交易量为负数的公司定义为内部人卖出股票的公司，净交易量为正数的公司定义为内部人买入股票的公司。为捕捉内部人交易发生后市场的反应及其对崩盘风险的影响，自变量采用滞后一期的值。

　　控制变量的选取和第 4 章中表 4-23 基本一致，考虑到内部人交易受公司治理的影响，本章新增三个控制变量：两职兼任、机构投资者持股和第一大股东持股比例。

5.2.2 实证结果与分析

表5 - 2概括了主要变量的描述性统计。可以看出，这10年间共有43.6%（*IT*指标均值）的公司发生过内部人交易。进一步细分买卖方向的统计为：29.1%为卖出，14.5%为买入。表明市场中内部人交易发生频繁，其中有约2/3的交易为卖出方向。综合买入卖出交易，平均交易量占上市公司流通股数的5.13‰（*IT_NUM*指标均值），为净卖出。

表5 - 2   主要变量描述性统计

变量	观测值（个）	均值	标准差	25%分位数	中位数	75%分位数	最小值	最大值
NCSKEW	15452	-0.334	0.627	-0.669	-0.294	0.050	-3.501	2.920
DUVOL	15452	-0.187	0.458	-0.484	-0.183	0.121	-2.330	1.583
IT	15452	0.436	0.496	0.000	0.000	1.000	0.000	1.000
IT_NUM	15452	-5.133	25.330	-0.009	0.000	0.000	-470.900	326.600
OPACITY	15452	0.174	0.199	0.081	0.132	0.208	0.001	5.990
DTO	15452	0.467	26.060	-22.210	3.779	34.100	-39.660	41.670
SIGMA	15452	0.001	0.000	0.000	0.000	0.001	0.000	0.002
RET	15452	-0.000	0.000	-0.000	-0.000	-0.000	-0.000	-0.000
SIZE	15452	22.030	1.310	21.120	21.860	22.750	16.520	28.510
MB	15452	0.967	0.946	0.395	0.668	1.186	0.008	12.100
LEV	15452	0.479	0.279	0.310	0.476	0.631	0.007	9.765
ROA	15452	0.035	0.080	0.012	0.033	0.062	-2.746	2.339
DUAL	15452	0.213	0.409	0.000	0.000	0.000	0.000	1.000
INSHLDR	13472	0.118	0.170	0.019	0.053	0.122	0.000	1.022
BIGHLDR	15452	35.730	15.330	23.470	33.840	46.570	0.290	89.990

表5 - 3概括了主要变量的Pearson相关系数。从单变量相关性来看，公司当年是否发生过内部人交易与股价崩盘风险之间正相关，内部人交易量净比例与股价崩盘风险之间负相关，但是相关系数很低，据此不能得出任何有意义的预测。各控制变量与因变量、自变量之间的相关系数都非常低，大部分都在0.3以内。说明变量之间不存在共线性问题。

变量相关系数

表 5-3

	NCSKEW	DUVOL	IT	IT_NUM	OPACITY	DTO	SIGMA	RET	SIZE	MB	LEV	ROA	DUAL	INSTHLDR	BIGHLDR
NCSKEW	1														
DUVOL	0.8640 (0.0000)	1													
IT	0.0746 (0.0000)	0.0844 (0.0000)	1												
IT_NUM	-0.0412 (0.0021)	-0.0467 (0.0005)	-0.0637 (0.0000)	1											
OPACITY	0.0293 (0.0010)	0.0262 (0.0032)	0.0020 (0.8180)	-0.0086 (0.5190)	1										
DTO	0.0782 (0.0000)	0.0860 (0.0000)	0.1310 (0.0000)	0.0241 (0.0709)	-0.0409 (0.0000)	1									
SIGMA	0.0436 (0.0000)	0.0405 (0.0000)	0.1680 (0.0000)	-0.0374 (0.0051)	0.0068 (0.4460)	0.3390 (0.0000)	1								
RET	-0.0215 (0.0075)	-0.0197 (0.0141)	-0.1530 (0.0000)	0.0329 (0.0140)	0.0014 (0.8710)	-0.3400 (0.0000)	-0.9690 (0.0000)	1							
SIZE	-0.1490 (0.0000)	-0.1710 (0.0000)	-0.0946 (0.0000)	0.1470 (0.0000)	-0.0270 (0.0024)	0.0557 (0.0000)	-0.2410 (0.0000)	0.1980 (0.0000)	1						

续表

	NCSKEW	DUVOL	IT	IT_NUM	OPACITY	DTO	SIGMA	RET	SIZE	MB	LEV	ROA	DUAL	INSTHLDR	BIGHLDR
MB	-0.1680 (0.0000)	-0.1660 (0.0000)	-0.1720 (0.0000)	0.1080 (0.0000)	-0.0155 (0.0803)	-0.2040 (0.0000)	-0.3200 (0.0000)	0.2750 (0.0000)	0.5720 (0.0000)	1					
LEV	-0.0344 (0.0001)	-0.0483 (0.0000)	-0.1550 (0.0000)	0.1380 (0.0000)	0.1010 (0.0000)	-0.0323 (0.0003)	-0.0138 (0.1200)	0.0159 (0.0000)	0.2610 (0.0000)	0.4030 (0.0000)	1				
ROA	0.0443 (0.0000)	0.0383 (0.0000)	0.0796 (0.0000)	-0.0086 (0.5210)	0.0182 (0.0407)	-0.0074 (0.4060)	-0.0487 (0.0000)	0.0485 (0.0000)	0.0738 (0.0000)	-0.1770 (0.0000)	-0.3730 (0.0000)	1			
DUAL	0.0563 (0.0000)	0.0565 (0.0000)	0.1320 (0.0000)	-0.0523 (0.0001)	0.0268 (0.0026)	0.0155 (0.0819)	0.0514 (0.0000)	-0.0489 (0.0000)	-0.1370 (0.0000)	-0.1030 (0.0000)	-0.0932 (0.0000)	0.0152 (0.0875)	1		
INSHLDR	0.0748 (0.0000)	0.0659 (0.0000)	-0.0087 (0.3650)	0.0606 (0.0000)	-0.0225 (0.0192)	-0.0151 (0.1140)	0.0143 (0.1350)	-0.0023 (0.8120)	0.0608 (0.0000)	-0.0306 (0.0014)	0.0053 (0.5800)	0.0905 (0.0000)	-0.0121 (0.2060)	1	
BIGHLDR	-0.0572 (0.0000)	-0.0557 (0.0000)	-0.1480 (0.0000)	0.0518 (0.0001)	0.0619 (0.0000)	-0.0020 (0.8260)	-0.0666 (0.0000)	0.0506 (0.0000)	0.2870 (0.0000)	0.1200 (0.0000)	0.0230 (0.0096)	0.0960 (0.0000)	-0.0748 (0.0000)	0.0237 (0.0136)	1

注：括号内为 p 值。

表5-4概括了公司当年是否发生内部人交易与下一期股价崩盘风险之间的回归结果。可以看出，二者呈现非常显著的正相关性，即公司当年发生过内部人交易，下一年股价的负偏程度会提高。

表5-4　　　　　　　内部人交易与股价崩盘风险

	$NCSKEW_t$	$DUVOL_t$
IT_{t-1}	0.063 *** (5.080)	0.053 *** (5.800)
$OPACITY_{t-1}$	0.079 ** (2.610)	0.043 (1.830)
DTO_{t-1}	−0.078 *** (−11.140)	−0.066 *** (−12.050)
$SIGMA_{t-1}$	595.664 *** (4.110)	469.832 *** (4.540)
RET_{t-1}	860000.000 *** (3.890)	680000.000 *** (4.230)
$SIZE_{t-1}$	−0.023 ** (−3.190)	−0.031 *** (−6.11)
MB_{t-1}	−0.068 *** (−6.570)	−0.033 *** (−4.850)
LEV_{t-1}	0.068 * (1.970)	0.018 (0.690)
ROA_{t-1}	0.292 ** (2.700)	0.159 * (2.040)
$DUAL_{t-1}$	0.037 * (2.460)	0.026 * (2.350)
$INSHLDR_{t-1}$	0.387 *** (6.760)	0.264 *** (6.520)
$BIGHLDR_{t-1}$	−0.001 (−1.510)	0.000 (0.73)
Constant	2.778 *** (8.810)	2.645 *** (11.010)
年份	控制	控制
行业	控制	控制
观测值	10878	10878
调整 R^2	0.100	0.104

注：***、**、*分别表示在1%、5%、10%的水平上显著，括号内为t值。

在控制变量方面，对股价崩盘风险影响为正的因素有：应计盈余管理程度（OPACITY）、前期公司特质周收益波动（SIGMA）、前期公司特定周收益（RET）、资产负债率（LEV）、两职兼任（DUAL）和机构投资者持股（INSHLDR）。值得一提的是，机构投资者持股会增加股价崩盘风险，这与直观感觉不符。然而，也有一些研究表明我国机构投资者"羊群行为"较为严重，羊群行为提高了上市公司股价同步性，提高了股价未来崩盘风险。在我国，机构投资者更多的是扮演"崩盘加速器"而非"市场稳定器"（许年行等，2013）。

进一步地，考虑到内部人交易在买入与卖出两个方向上的不同行为，我们将其区分为两个子样本，分别进行回归，结果如表5-5和表5-6所示。

表5-5　　　内部人交易与股价崩盘风险——卖出子样本

	$NCSKEW_t$	$DUVOL_t$
IT_{t-1}	0.055 *** (4.089)	0.046 *** (4.619)
$OPACITY_{t-1}$	0.084 ** (2.733)	0.047 (1.954)
DTO_{t-1}	-0.075 *** (-10.807)	-0.063 *** (-11.685)
$SIGMA_{t-1}$	598.471 *** (4.116)	472.422 *** (4.547)
RET_{t-1}	860000.000 *** (3.87)	680000.000 *** (4.216)
$SIZE_{t-1}$	-0.021 ** (-2.971)	-0.029 *** (-5.838)
MB_{t-1}	-0.069 *** (-6.682)	-0.034 *** (-4.982)
LEV_{t-1}	0.067 (1.934)	0.017 (0.648)
ROA_{t-1}	0.301 ** (2.759)	0.166 * (2.112)
$DUAL_{t-1}$	0.038 * (2.535)	0.027 * (2.439)

续表

	$NCSKEW_t$	$DUVOL_t$
$INSHLDR_{t-1}$	0.391 *** (6.824)	0.268 *** (6.588)
$BIGHLDR_{t-1}$	−0.001 (−1.738)	−0.000 (−0.996)
Constant	2.663 *** (8.438)	2.548 *** (10.593)
年份	控制	控制
行业	控制	控制
观测值	10878	10878
调整 R^2	0.100	0.103

注：***、**、* 分别表示在 1%、5%、10% 的水平上显著，括号内为 t 值。

表 5−6　　内部人交易与股价崩盘风险——买入子样本

	$NCSKEW_t$	$DUVOL_t$
IT_{t-1}	0.030 (1.770)	0.026 (2.081)
$OPACITY_{t-1}$	0.083 ** (2.711)	0.046 (1.936)
DTO_{t-1}	−0.076 *** (−10.919)	−0.064 *** (−11.829)
$SIGMA_{t-1}$	631.158 *** (4.358)	499.830 *** (4.832)
RET_{t-1}	900000.000 *** (4.062)	710000.000 *** (4.441)
$SIZE_{t-1}$	−0.022 ** (−3.081)	−0.030 *** (−5.962)
MB_{t-1}	−0.070 *** (−6.777)	−0.035 *** (−5.100)
LEV_{t-1}	0.056 (1.617)	0.008 (0.305)
ROA_{t-1}	0.307 ** (2.758)	0.171 * (2.125)

	$NCSKEW_t$	$DUVOL_t$
$DUAL_{t-1}$	0.041 ** (2.79)	0.030 ** (2.729)
$INSHLDR_{t-1}$	0.384 *** (6.689)	0.261 *** (6.423)
$BIGHLDR_{t-1}$	−0.001 * (−2.114)	−0.000 (−1.417)
Constant	2.755 *** (8.702)	2.626 *** (10.923)
年份	控制	控制
行业	控制	控制
观测值	10878	10878
调整 R^2	0.100	0.103

注：***、**、* 分别表示在1%、5%、10%的水平上显著，括号内为 t 值。

对比表5-5和表5-6的结果可以看出，内部人卖出交易显著增加了个股下一期的崩盘风险，但买入交易并未对个股崩盘风险造成显著影响。这与市场经验相符。当内部人卖出本公司的股票时，市场其他投资者会倾向于认为公司有未公开的负面消息，公司内部人判断当前市场估值偏高，从而外部投资者跟随下调估值预期，增大了股价崩盘风险。但若内部人增持本公司股票，则在一定程度上向市场释放了正面信息，市场倾向于将此行为解读为公司有未公开的利好消息，故而不会造成股价崩盘等负面影响。

表5-4的结果和表5-5、表5-6的结果是相容的。如前所述，A股市场上内部人交易中约2/3为卖出交易，因此总体上看内部人交易提升了崩盘风险。如果更细致的观察样本，可以发现内部人买入交易并未显著影响崩盘风险的大小。

内部人交易（IT）变量为二元变量，损失了很多定量信息。因此，接下来以内部人交易净比例（内部人净交易股数占该公司所有流通股数量的千分比，净买入为正值，净卖出为负值）衡量内部人交易。

表5-7概括了内部人交易净比例与股价崩盘风险之间的回归结果。可

以看出，二者呈现显著的负相关关系。回归系数为负，表明当期内部人交易净卖出量越大，公司下一期的股价崩盘风险越高；当期内部人交易净买入量越大，公司下一期的股价崩盘风险越低。

表 5 - 7　　　　内部人净交易比例与股价崩盘风险

	$NCSKEW_t$	$DUVOL_t$
IT_NUM_{t-1}	− 0. 000 ** (− 2. 837)	− 0. 000 ** (− 2. 728)
$OPACITY_{t-1}$	0. 083 ** (2. 731)	0. 047 (1. 955)
DTO_{t-1}	− 0. 076 *** (− 10. 865)	− 0. 064 *** (− 11. 733)
$SIGMA_{t-1}$	616. 007 *** (4. 244)	489. 230 *** (4. 718)
RET_{t-1}	880000. 000 *** (3. 980)	70000. 000 *** (4. 358)
$SIZE_{t-1}$	− 0. 020 ** (− 2. 876)	− 0. 029 *** (− 5. 738)
BM_{t-1}	− 0. 070 *** (− 6. 841)	− 0. 036 *** (− 5. 170)
LEV_{t-1}	0. 064 (1. 835)	0. 013 (0. 504)
ROA_{t-1}	0. 313 ** (2. 796)	0. 175 * (2. 169)
$DUAL_{t-1}$	0. 040 ** (2. 666)	0. 029 ** (2. 616)
$INSHLDR_{t-1}$	0. 389 *** (6. 782)	0. 266 *** (6. 522)
$BIGHLDR_{t-1}$	− 0. 001 * (− 2. 105)	− 0. 000 (− 1. 429)
$Constant$	2. 706 *** (8. 592)	2. 583 *** (10. 773)
年份	控制	控制
行业	控制	控制
观测值	10878	10878
调整 R^2	0. 100	0. 103

注：***、**、*分别表示在 1%、5%、10% 的水平上显著，括号内为 t 值。

5.2.3 传导路径检验：投资者情绪

1. 投资者情绪指标构建

本章 5.2.2 节的实证检验表明，A 股上市公司内部人交易，尤其是内部人净卖出交易，会显著提高未来股价崩盘风险。这一结果相当稳健。这究竟是由于内部人卖出交易行为揭示了原来隐藏的负面信息，还是引起了市场中其他投资者的恐慌情绪，进而提高股价崩盘风险呢？本节试图通过构建投资者情绪指标，对传导路径进行检验。

投资者情绪指标可以从市场整体和微观个股两个层面构建。市场整体的投资者情绪指数一般采用封闭基金折价率、月度 IPO 首日平均回报率、换手率和月度新增开户数量等情绪代理指标，运用主成分分析方法构建。该指数已经被证明会对分析师盈利预测偏差，进而对资产定价产生显著影响（Brown and Cliff，2004；Baker，2006；伍燕然等，2012；伍燕然等，2016）。然而，这一指标是一个时间序列，度量整体投资者情绪随时间变化，并不适合对个股的不同交易行为开展研究。

借鉴前人方法（Rhodes-Kropf et al.，2005），本节对个股层面的投资者情绪指标构建如下：

（1）计算公司市场 Tobin Q：

$$Tobin_{i,t} = \frac{MV_{i,t}}{BV_{i,t} - NetIntg_{i,t} - GW_{i,t}} \tag{5.3}$$

其中，$MV_{i,t}$ 为公司 i 的总市值，$BV_{i,t}$ 表示账面资产总值，$NetIntg_{i,t}$ 表示无形资产净值，$GW_{i,t}$ 表示商誉。

（2）计算公司内在 Tobin Q，方法如下：

首先，使用同年度同行业所有上市公司的数据，对年度 t 公司 i 的 Tobin Q 进行回归分析：

$$Tobin_{i,t} = \beta_0 + \beta_1 \ln(BV_{i,t}) + \beta_2 LEV_{i,t} + \beta_3 ROA_{i,t} + \varepsilon_{i,t} \tag{5.4}$$

其中，$LEV_{i,t}$ 表示资产负债率，$ROA_{i,t}$ 为公司的年度资产收益率。

然后，利用上面的回归系数，分年度分行业计算公司内在 Tobin Q（In_Tobin）：

$$In\_Tobin_{i,t} = \hat{\beta}_0 + \hat{\beta}_1 \ln(BV_{i,t}) + \hat{\beta}_2 LEV_{i,t} + \hat{\beta}_3 ROA_{i,t} \qquad (5.5)$$

（3）计算个股的投资者情绪（Sent）：

$$Sent = Tobin_{i,t} - In\_Tobin_{i,t} \qquad (5.6)$$

可以看出，该指标的构建思路是用公司实际市值和估计的内在价值之差来衡量投资者情绪。该指标在构建方法上与应计盈余管理（DACCR）有类似之处。公司规模、杠杆率和资产收益率是决定股票内在价值最为重要的因素（Rhodes-Kropf et al.，2005），因此以反应公司相对估值水平的 Tobin Q 与之回归。利用决定公司内在价值的财务指标估计上市公司的内在价值，并将之与市场价值相比，得到定价错误的部分。错误定价的程度与各股投资者情绪正相关。

基于本章 5.2.1 节所述样本，利用上述方法构建的个股投资者情绪指标（Sent）的描述性统计如表 5-8 所示。投资者情绪的均值和中位数接近于 0，说明在比较长的样本区间，市场上投资者正面和负面情绪能够互相抵消。

表 5-8 　　　　　2007~2016 年投资者情绪指标的描述性统计

年份	观测值（个）	均值	标准差	25%分位数	中位数	75%分位数	最小值	最大值
2007	1006	0.011	0.187	-0.047	0.007	0.056	-4.000	1.874
2008	1147	0.019	0.066	-0.016	0.014	0.045	-0.484	0.505
2009	1325	0.004	0.287	-0.033	0.009	0.047	-6.818	1.851
2010	1409	-0.096	3.074	-0.040	0.010	0.060	-84.010	34.330
2011	1548	-0.026	0.785	-0.026	0.013	0.058	-22.850	10.090
2012	1869	0.026	0.142	-0.016	0.015	0.048	-1.100	2.737
2013	2037	0.010	0.232	-0.028	0.013	0.047	-2.796	4.820
2014	1945	0.014	0.224	-0.032	0.008	0.049	-4.336	4.093
2015	1594	0.016	0.658	-0.074	-0.003	0.066	-13.210	11.920
2016	1567	0.010	0.247	-0.068	-0.002	0.065	-4.364	3.237
总计	15447	-0.000	1.000	-0.035	0.009	0.053	-84.010	34.330

2. 路径检验

为检验内部人交易与股价崩盘风险之间是否通过投资者情绪传导，需采用中介因子检验法。根据温忠麟等（2004）对各种方法比较评估的研究结果，本节采用两类错误发生概率均低的 Sobel 中介因子检验法（Baron and Kenny，1986）。设定路径模型如下：

$$CR_{i,t} = \beta_0 + \beta_1 IT\_NUM_{i,t-1} + BCV_{i,t-1} + \varepsilon_{i,t} \qquad （路径 a）$$

$$Sent_{i,t-1} = \alpha_0 + \alpha_1 IT\_NUM_{i,t-1} + ACV_{i,t-1} + \varepsilon_{i,t} \qquad （路径 b）$$

$$CR_{i,t} = \tau_0 + \tau_1 IT\_NUM_{i,t-1} + \tau_2 Sent_{i,t-1} + TCV_{i,t-1} + \varepsilon_{i,t} \qquad （路径 c）$$

为检验投资者情绪是否对内部人交易与股价崩盘风险之间的关系具有中介和调整效应，可分三步进行：第一步，对前述基本模型式（5.2）进行回归，检验公司内部人交易 $IT\_NUM_{i,t-1}$ 对下一期股价崩盘风险 $CR_{i,t}$ 的影响，观察路径 a 的回归系数 β_1；第二步，检测公司内部人交易 $IT\_NUM_{i,t-1}$ 对同期投资者情绪 $Sent_{i,t-1}$ 的影响，观察路径 b 的回归系数 α_1；第三步，同时分析内部人交易 $IT\_NUM_{i,t-1}$ 与投资者情绪 $Sent_{i,t-1}$ 对下一期股价崩盘风险 $CR_{i,t}$ 的影响，观察路径 c 的回归系数 τ_1 和 τ_2。

当以下条件都成立时，完全的中介效应成立：路径 a 的回归系数 β_1 显著，路径 b 的回归系数 α_1 显著，路径 c 的回归系数 τ_2 显著，同时回归系数 τ_1 不再显著。

如果 α_1 和 τ_2 中任意一个不显著，可进一步构建 Sobel Z 统计量进行检验，如果 Sobel Z 值在统计上显著，则投资者情绪具备部分的中介效应。

$$Sobel\ Z = \frac{\hat{\alpha}_1 \hat{\tau}_2}{\sqrt{\hat{\alpha}_1 s_{\tau_2}^2 + \hat{\tau}_2 s_{\alpha_1}^2}} \qquad (5.7)$$

其中，$\hat{\alpha}_1$ 和 $\hat{\tau}_2$ 分别代表路径 b 和路径 c 中对应回归系数的拟合值，s_{α_1} 和 s_{τ_2} 代表各自的标准差。

由于内部人交易（IT）为二元变量，损失了很多定量信息。因此，我们以内部人交易净比例（IT_NUM）进行中介效应检验。路径 a 的回归结果如表 5-7 所示，路径 b 的回归结果如表 5-9 所示，路径 c 的回归结果如表 5-10 所示。

表 5 - 9　　　　　　　　　　　路径 b 回归结果

变量名	回归系数	标准误	t 值	P > t	系数的 95% 置信区间	
IT_NUM_{t-1}	- 0. 000	0. 000	- 2. 660	0. 008	- 0. 000	- 0. 000
$OPACITY_{i,t-1}$	0. 032	0. 013	2. 530	0. 012	0. 007	0. 057
$DTO_{i,t-1}$	- 0. 010	0. 002	- 4. 350	0. 000	- 0. 015	- 0. 006
$SIGMA_{i,t-1}$	- 31. 048	63. 390	- 0. 490	0. 624	- 155. 305	93. 208
$RET_{i,t-1}$	- 243000. 000	89600. 000	- 2. 720	0. 007	- 419000. 000	- 67800. 000
$SIZE_{i,t-1}$	0. 036	0. 005	6. 680	0. 000	0. 025	0. 046
$MB_{i,t-1}$	- 0. 025	0. 004	- 5. 690	0. 000	- 0. 034	- 0. 017
$LEV_{i,t-1}$	0. 016	0. 034	0. 470	0. 642	- 0. 051	0. 083
$ROA_{i,t-1}$	0. 037	0. 092	0. 400	0. 688	- 0. 143	0. 217
$DUAL_{i,t-1}$	0. 010	0. 007	1. 320	0. 186	- 0. 005	0. 024
$INSHLDR_{i,t-1}$	0. 025	0. 020	1. 250	0. 213	- 0. 014	0. 064
$BIGHLDR_{i,t-1}$	- 0. 000	0. 000	- 0. 680	0. 494	- 0. 001	0. 000
$Constant$	- 0. 349	0. 097	- 3. 610	0. 000	- 0. 539	- 0. 159

表 5 - 10　　　　　　　　　　路径 c 回归结果

	$NCSKEW_t$	$DUVOL_t$
IT_NUM_{t-1}	- 0. 001 *** (- 2. 839)	- 0. 001 ** (- 2. 735)
$Sent_{t-1}$	- 0. 002 (- 0. 125)	- 0. 003 (- 0. 399)
$OPACITY_{t-1}$	0. 084 ** (2. 739)	0. 047 (1. 953)
DTO_{t-1}	- 0. 076 *** (- 10. 870)	- 0. 064 *** (- 11. 745)
$SIGMA_{t-1}$	618. 696 *** (4. 259)	492. 158 *** (4. 739)
RET_{t-1}	890000. 000 *** (3. 997)	710000. 000 *** (4. 381)
$SIZE_{t-1}$	- 0. 020 ** (- 2. 868)	- 0. 029 *** (- 5. 713)

续表

	$NCSKEW_t$	$DUVOL_t$
BM_{t-1}	-0.070^{***} (-6.832)	-0.036^{***} (-5.167)
LEV_{t-1}	0.064 (1.836)	0.014 (0.508)
ROA_{t-1}	0.312^{**} (2.794)	0.176^* (2.168)
$DUAL_{t-1}$	0.040^{**} (2.655)	0.028^{**} (2.598)
$INSHLDR_{t-1}$	0.389^{***} (6.784)	0.266^{***} (6.521)
$BIGHLDR_{t-1}$	-0.001^* (-2.100)	-0.000 (-1.434)
$Constant$	2.707^{***} (8.592)	2.584^{***} (10.774)
年份	控制	控制
行业	控制	控制
观测值	1743	1743
调整 R^2	0.118	0.143

注：***、**、*分别表示在 1%、5%、10%的水平上显著，括号内为 t 值。

可以看出，内部人交易对投资者情绪有显著影响；但同时加入内部人交易和投资者情绪后，投资者情绪变量不再显著。为此，我们进行了下一步的 Sobel Z 检验，如表 5 - 11 所示。Sobel Z 检验结果表明，指标接近于0，无法拒绝原假设，即不能证明在内部人交易影响股价崩盘风险的过程中，投资者情绪发挥中介作用。

表 5 - 11   Sobel Z 检验

	$NCSKEW_t$	$DUVOL_t$
$\hat{\alpha}_1$	-0.0004	-0.0004
$Se\ (\hat{\alpha}_1)$	0.0001	0.0001
$\hat{\tau}_2$	-0.0017	-0.0032
$Se\ (\hat{\tau}_2)$	0.0135	0.0081
$Sobel\ Z$	0.0024	0.0077

这一结果乍看令人失望，但仔细想来也有道理。公司内外部各个因素与股价崩盘风险的传导路径总体上可以概括为两大类：一是影响现金流和风险的内在价值传导路径；二是影响投资者情绪和信心的有限理性传导路径。前者是指公司内外部因素变化会对公司的真实现金流和要求收益率产生影响，进而降低公司内在价值。尤其是对导致公司内在价值降低的那些因素，如果因为信息透明度不高，市场价格未能及时做出相应调整，就会提高崩盘风险。部分因素（如管理层自利行为、大股东掏空公司行为等）到股价崩盘风险的传导主要是基于这条路径。后者是指即使与公司内在价值相关的信息透明度很高，但由于投资者的信息解读能力有限（如过度自信、有限关注等），以及非理性行为等造成市场价格过度波动，从而提高崩盘风险。部分因素（如投资者异质信念、"羊群行为"等）到股价崩盘风险的传导主要是基于这一路径。这两条路径并非完全隔离，很有可能互相交织在一起共同作用。本节对投资者情绪在内部人交易和股价崩盘风险之间中介效应的检验说明，内部人交易并非是通过投资者情绪路径传导的，这间接证明了内部人交易行为向市场传递了额外有效信息，而并非噪音信息。

5.3 小结

继第3章和第4章分别对公司书面披露的各类信息质量与股价崩盘风险之间的关系进行分析之后，本章对公司内部人交易行为与股价崩盘风险之间的关系展开研究。研究结果表明：（1）公司内部人交易会显著增加未来股价崩盘风险，这一结果稳健可靠，在变换多种内部人交易度量和股价崩盘风险度量的情况下始终成立；（2）内部人交易与未来股价崩盘风险之间的正相关关系，主要集中在内部人净卖出样本中，但在内部人净买入样本中，二者关系并不显著，体现出内部人交易不同方向行为的信息含量不同；（3）内部人交易与未来股价崩盘风险之间的关系并非通过投资者情绪这一路径传导，间接证明了内部人交易行为揭示了原来隐藏的有效信息，并非噪音信息。

　　本章的研究结果也为监管部门严格制定并落实内部人交易披露制度提供了经验支持。内部人交易作为向市场传达企业内部私有信息的途径之一，监管部门应加强该制度的实施与监督，保证这一渠道反映公司内部信息的及时性与准确性，以更好地保护投资者权益，降低负面消息集中爆发引起的股价崩盘风险。

第6章

总结与展望

6.1 结论与建议

自1990年沪深证券交易所成立以来，我国股票市场迅速成长。截至2018年末，A股市场上市公司总数达到3584家，2018年总成交额90万亿元，与2018年全国GDP基本相当。[①] 资本市场逐渐成长为我国公司股权转让、资金融通的重要渠道之一，对国民经济的稳定发展、资源优化配置、推行产业政策等具有十分重要的作用。但不可否认，这28年来，中国股票市场过热与崩溃现象频频，市场经历了多轮暴涨暴跌，个股大涨大跌更是司空见惯。以近期为例，2015年6月至2016年初短短半年时间，上证综指从5178点骤降至2600点以下，熔断机制短暂试行的第二天即造成全天休市。针对市场剧烈波动，政府和监管部门采取多项救市措施。然而，要想做好2017年召开的第五次全国金融工作会议上提出的三项重要任务——服务实体经济、防控金融风险、深化金融改革，制定恰当的监管政策和应对举措，需对股价崩盘风险进行深入研究。

本书以信息披露为主线，对股价崩盘风险进行了研究。在对股价崩盘风险概念、特征和理论模型分析的基础上，对中国A股上市公司在2001~2017年多种形式的信息披露与股价崩盘风险之间的关系展开了实证研究。研究发现：

---

① 同花顺 iFinD 金融数据库。

首先，长期来看，中国 A 股上市公司的总体信息不透明度呈下降趋势，但并非单调下降，而是伴随均值回复特性的缓慢下降。个股信息不透明度和未来股价崩盘风险之间呈现显著的正相关性，研究结果非常稳健；在样本期内，未探测到二者之间非线性关系的证据。研究结果支持了基础理论模型的预测，同时也为监管政策的制定提供了指引。降低信息不透明度的直接举措是标准更加严格的会计准则的制定和实施，对信息披露从真实性、准确性、完整性、及时性、公平性和合法合规性多个维度要求，并且对违规行为施以重罚。从根本性措施看，应是规范化公司治理、约束管理层和大股东的自利行为，降低委托—代理问题成本。

其次，从重要非财务信息披露——企业社会责任报告来看，中国 A 股上市公司社会责任履行总体水平较低，报告披露的规范化、标准化仍有极大改善空间。企业社会责任信息与未来股价崩盘风险之间的关系并不稳健，依赖于具体的企业社会责任评价体系。总体而言，真正全面深入了解企业社会责任信息并辅以专家判断的评价体系能够提供的有效信息含量最高，而仅依赖少数财务指标的简单评价体系几乎没有新增有效信息供给。在信息透明度较高的公司，企业社会责任信息的边际影响贡献更为明显。上述结果表明，对企业社会责任进行评价的体系亟须引导和规范，以真正促进企业规范社会责任实际履行和信息披露。

最后，从内部人交易行为看，中国 A 股市场内部人交易现象较为普遍，内部人交易会显著增加未来股价崩盘风险，这一关系集中体现在内部人净卖出样本中。内部人交易与未来股价崩盘风险之间的关系，并非通过投资者情绪这一路径传导，间接证明了内部人交易行为（尤其是卖出行为）揭示了原来隐藏的有效信息，而并非噪音信息。上述结果为对内部人交易进行严格监管和及时准确地披露内部人交易信息等相关政策的制订提供了支持依据。

6.2 研究展望

著名金融史学家查尔斯·P. 金德尔伯格（Charels P. Kindleberger）曾

写道："有关金融危机的著述的出版是反周期的，即金融危机的出现会使得相关著述数量大增。20 世纪 20 年代以来，美国先出现股市的大崩盘，随后又出现经济的大萧条，关于金融危机的著述层出不穷。'二战'后的几十年，即 1940～1970 年，危机难觅踪影，关于这一命题的著述也少之又少。"①

　　关于股价崩盘风险的研究也有类似特征，近年来中国资本市场的频繁动荡也引起了国内学者对此问题相当丰富的研究著述。正如第 1 章 1.4 节所概括，目前国内学者围绕股价崩盘风险的研究以实证研究为主，已经围绕公司内部管理层行为、个人特征、外部投资者的异质信念、第三方信息中介（审计师、证券分析师、媒体），以及政治、经济、法制、文化等制度建设视角深入挖掘了诸多会提高或抑制股价崩盘风险的因素，粗略统计达四五十个之多。然而，还仅仅是个开始，围绕股价崩盘风险因素挖掘的实证研究未来还会进一步增多。金融学研究历史上资本市场资本资产定价模型（Capital Asset Pricing Model，CAPM）异象因素的研究历程可与之类比。自 20 世纪 80 年代零星探测到 CAPM 异象因素后，90 年代开始学者们发现的、具有显著影响力的、能够预测股票收益率截面差异的异象因素急剧增多。截至 2012 年，国际学术期刊上发表的异象因素粗略统计已经超过 300 个，上升势头极为迅猛。自从用股价收益分布的负偏程度作为股价崩盘风险（Chen、Hong and Stein，2001）度量后，研究的新视角已被打开。可以发现，原来研究的公司金融、公司治理等问题，不仅可以从股价收益率（价格的一阶变动）、股价波动率（价格的二阶变动）、短期的事件研究等视角进行，还可以从股价的更高阶变动（负偏度）视角展开，逐一再验证一遍。而且随着技术的进步，研究样本的范围还会进一步拓展，计量方法等手段也会更加科学和精准。可以预见，股价崩盘风险影响因素及其经济后果的相关实证研究近些年仍会蓬勃发展。

　　股价崩盘风险影响因素及其经济后果的相关实证研究的蓬勃发展，既为社会提供了很多新的知识，也给我们带来了一些困扰。正如资本市场

---

　　① ［美］查尔斯·P. 金德尔伯格、罗伯特·Z. 阿利伯：《疯狂、惊恐和崩溃——金融危机史》（朱隽、叶翔译），中国金融出版社 2011 年版，第 8 页。

CAPM 异象因素的研究，已经探测出 300 个之多（甚至数量还在不断增长）的异象因素，如何能够将其归纳入一个相对统一的模型之中？直接将 300 个因素包括进来的模型是难以想象的，也是难以使用的。在资产定价领域，法玛和弗兰奇（Fama and French，1992）提出三因素模型，卡哈特（Carhart，1997）提出四因素模型，法玛和弗兰奇（Fama and French，2015）提出五因素模型，学者一直在致力于发展一个相对简单的理论框架，以统一诸多异象因素，使其变得有条理。那么，在股价崩盘风险领域，是否也能类似地构建起相对简单的统一理论框架呢？

既有理论研究（如第 1 章所述）已经从基于不完全信息的理性预期均衡和基于投资者有限理性的行为金融学框架构建了一些基础模型，这也为在股价崩盘风险领域建立相对简单的统一理论框架提供了基石。在此基础上，进一步探索股价崩盘风险机制的理论研究，可能有四个方向值得重点关注。

首先，从套利局限性视角在基于不完全信息的理性均衡框架下展开研究。知情交易者受到种种约束会导致价格不能充分反映有效信息，噪音增多；非知情交易者试图推断知情交易者的私有信息，这一机制在运行过程中可能导致股价的不连续变化（暴跌）。套利局限性是知情交易者所受种种约束的典型代表，也是市场摩擦的体现。套利局限性的存在形式非常之多，以中国股票市场为例，有以下五种主要形式。（1）个股的每日涨跌幅限制。一旦达到 10% 的涨跌停板，正向交易将无法达成，阻断了信息的继续反映。（2）是否入选融资融券名单。不能融资意味着信贷约束，未入选融券名单意味着无法借入该证券进行卖空，都导致部分信息无法充分在价格上得到反映。（3）是否存在衍生品对冲可能性。套利组合的构建经常需要借助于衍生品对冲风险，股指期货和股票期权市场的存在与否及市场深度也可能导致套利行为受限。（4）股票暂停交易。上市公司有重大消息公布、涉嫌违规需要进行调查，或证券监管机关认为上市公司须就有关对公司有重大影响的问题进行澄清和公告时，股票暂停交易（停牌）。停牌时间越长，越容易造成信息的累积和一次性集中释放。（5）股票市场本身的流动性，如交易量、买卖价差等。

其次，从投资者有限关注视角在行为金融学框架下展开研究。传统的有效市场理论认为市场参与者具有完美理性和无限信息处理能力，能够及时充分地将所有公开信息反应在股价中。然而，真实的市场由许多有限注意的投资者组成。经济社会的信息富裕问题（information rich problem）引起了新的稀缺，造成了注意力的贫穷（Simon，1971）。注意力约束对于投资者利用信息、形成信念，乃至最终的决策都具有至关重要的意义。既有模型中并未对投资者的注意力约束特性加以区分，如果能够在既有模型中根据投资者注意力特性的不同，新引入疏忽投资者和关注投资者两种参与者，重新推导均衡过程，可能会有新的发现。对投资者有限关注开展实证研究的代理指标也非常多，如极端日收益率、高额成交量、新闻报道、广告投入、网络搜索量等，为在此理论框架下展开实证研究提供了非常丰富的素材。

再其次，个股层面上股价崩盘风险传导路径的研究。公司内外部各个因素与股价崩盘风险的传导路径总体可概括为两大类：一是影响现金流和风险的内在价值传导路径；二是影响投资者情绪和信心的有限理性传导路径。这两条路径并非完全隔离，很有可能互相交织在一起共同作用。虽然目前已经有了对中介因素和传导路径的初步研究，但还不够全面深入，值得进一步探索。

最后，也是最有挑战性的研究方向，个股层面的股价崩盘风险如何在加总层面上演变成市场性崩盘风险。本书研究股价崩盘风险，本质上聚焦的是个股层面的股价崩盘风险。更具体和技术性一点的表述，聚焦的是个股收益分布的负偏程度，而非整体市场的崩盘风险。个股暴跌事件时有发生，虽然会给投资者造成巨大损失，但如果不引发连锁反应，不引起市场集体性突然下跌，就不会造成系统性风险。单只股票的下跌为什么有时会引起广泛的传染？要建立整体市场崩盘风险的机理模型，关键点是相关性分析。个股之间的相关性可能通过现金流、预期、情绪等多种因素连接。仅聚焦在微观层面进行研究可能是不够的，宏观流动性等因素也需要被纳入分析框架。这将是一个艰难的、极富挑战性的工作，但完成这一工作所获得的回报也将是巨大的。

2001～2017 年深交所信息披露考评结果的统计
——行业—年度

A	农、林、牧、渔业								
	A		B		C		D		合计
年份	数目（个）	比例（%）	数目（个）	比例（%）	数目（个）	比例（%）	数目（个）	比例（%）	
2001	1	14.29	0	0.00	4	57.14	2	28.57	7
2002	1	16.67	0	0.00	4	66.67	1	16.67	6
2003	0	0.00	1	16.67	2	33.33	3	50.00	6
2004	0	0.00	2	33.33	3	50.00	1	16.67	6
2005	1	16.67	1	16.67	4	66.67	0	0.00	6
2006	0	0.00	4	44.44	4	44.44	1	11.11	9
2007	0	0.00	5	55.56	4	44.44	0	0.00	9
2008	1	10.00	5	50.00	4	40.00	0	0.00	10
2009	0	0.00	6	46.15	6	46.15	1	7.69	13
2010	1	5.26	14	73.68	2	10.53	2	10.53	19
2011	1	5.56	16	88.89	0	0.00	1	5.56	18
2012	1	5.00	15	75.00	4	20.00	0	0.00	20
2013	1	5.00	16	80.00	3	15.00	0	0.00	20
2014	1	4.35	18	78.26	4	17.39	0	0.00	23
2015	0	0.00	18	75.00	5	20.83	1	4.17	24
2016	3	12.00	17	68.00	2	8.00	3	12.00	25
2017	4	16.67	12	50.00	6	25.00	2	8.33	24
总计	16	6.53	150	61.22	61	24.90	18	7.35	245

B	采矿业								
	A		B		C		D		合计
年份	数目（个）	比例（%）	数目（个）	比例（%）	数目（个）	比例（%）	数目（个）	比例（%）	
2001	0	0.00	8	44.44	10	55.56	0	0.00	18
2002	1	5.26	7	36.84	11	57.89	0	0.00	19
2003	0	0.00	12	66.67	6	33.33	0	0.00	18
2004	2	11.11	11	61.11	4	22.22	1	5.56	18
2005	1	5.26	8	42.11	8	42.11	2	10.53	19
2006	2	13.33	3	20.00	6	40.00	4	26.67	15
2007	2	11.76	4	23.53	9	52.94	2	11.76	17

B	采矿业								
	A		B		C		D		合计
年份	数目（个）	比例（%）	数目（个）	比例（%）	数目（个）	比例（%）	数目（个）	比例（%）	
2008	3	16.67	6	33.33	8	44.44	1	5.56	18
2009	3	16.67	11	61.11	4	22.22	0	0.00	18
2010	3	15.00	14	70.00	3	15.00	0	0.00	20
2011	2	9.09	14	63.64	6	27.27	0	0.00	22
2012	4	15.38	19	73.08	3	11.54	0	0.00	26
2013	1	4.00	21	84.00	3	12.00	0	0.00	25
2014	4	16.00	17	68.00	4	16.00	0	0.00	25
2015	3	12.00	19	76.00	2	8.00	1	4.00	25
2016	1	3.85	19	73.08	4	15.38	2	7.69	26
2017	1	3.85	19	73.08	3	11.54	3	11.54	26
总计	33	9.30	212	59.72	94	26.48	16	4.51	355

C	制造业								
	A		B		C		D		合计
年份	数目（个）	比例（%）	数目（个）	比例（%）	数目（个）	比例（%）	数目（个）	比例（%）	
2001	14	5.45	98	38.13	130	50.58	15	5.84	257
2002	19	7.45	123	48.24	93	36.47	20	7.84	255
2003	27	10.63	130	51.18	84	33.07	13	5.12	254
2004	15	5.91	156	61.42	75	29.53	8	3.15	254
2005	31	11.03	158	56.23	76	27.05	16	5.69	281
2006	32	9.97	182	56.70	91	28.35	16	4.98	321
2007	43	11.11	208	53.75	122	31.52	14	3.62	387
2008	43	9.84	289	66.13	99	22.65	6	1.37	437
2009	57	12.08	327	69.28	79	16.74	9	1.91	472
2010	89	12.14	521	71.08	116	15.83	7	0.95	733
2011	154	16.72	648	70.36	103	11.18	16	1.74	921
2012	157	15.75	698	70.01	127	12.74	15	1.50	997
2013	204	20.46	685	68.71	100	10.03	8	0.80	997
2014	229	21.75	716	68.00	89	8.45	19	1.80	1053
2015	241	20.88	758	65.68	130	11.27	25	2.17	1154
2016	250	20.29	813	65.99	139	11.28	30	2.44	1232
2017	266	18.59	947	66.18	183	12.79	35	2.45	1431
总计	1871	16.36	7457	65.21	1836	16.05	272	2.38	11436

续表

D	电力、热力、燃气及水生产和供应业								合计
	A		B		C		D		
年份	数目（个）	比例（%）	数目（个）	比例（%）	数目（个）	比例（%）	数目（个）	比例（%）	
2001	3	9.09	17	51.52	12	36.36	1	3.03	33
2002	1	2.94	23	67.65	10	29.41	0	0.00	34
2003	1	2.86	24	68.57	10	28.57	0	0.00	35
2004	3	8.82	27	79.41	2	5.88	2	5.88	34
2005	3	8.57	21	60.00	7	20.00	4	11.43	35
2006	1	2.86	23	65.71	11	31.43	0	0.00	35
2007	3	8.82	15	44.12	14	41.18	2	5.88	34
2008	2	5.41	23	62.16	12	32.43	0	0.00	37
2009	4	10.81	23	62.16	10	27.03	0	0.00	37
2010	5	12.20	26	63.41	9	21.95	1	2.44	41
2011	4	10.26	27	69.23	7	17.95	1	2.56	39
2012	4	9.09	36	81.82	4	9.09	0	0.00	44
2013	6	13.95	33	76.74	4	9.30	0	0.00	43
2014	10	23.26	29	67.44	3	6.98	1	2.33	43
2015	13	28.89	25	55.56	6	13.33	1	2.22	45
2016	11	25.58	24	55.81	8	18.60	0	0.00	43
2017	9	18.75	29	60.42	8	16.67	2	4.17	48
总计	83	12.58	425	64.39	137	20.76	15	2.27	660

E	建筑业								合计
	A		B		C		D		
年份	数目（个）	比例（%）	数目（个）	比例（%）	数目（个）	比例（%）	数目（个）	比例（%）	
2001	1	11.11	2	22.22	5	55.56	1	11.11	9
2002	0	0.00	3	33.33	5	55.56	1	11.11	9
2003	0	0.00	4	44.44	4	44.44	1	11.11	9
2004	0	0.00	5	71.43	1	14.29	1	14.29	7
2005	0	0.00	4	44.44	5	55.56	0	0.00	9
2006	1	7.69	7	53.85	4	30.77	1	7.69	13
2007	3	17.65	6	35.29	8	47.06	0	0.00	17
2008	2	11.11	9	50.00	6	33.33	1	5.56	18
2009	1	4.76	13	61.90	6	28.57	1	4.76	21
2010	6	20.00	19	63.33	4	13.33	1	3.33	30
2011	7	21.21	20	60.61	5	15.15	1	3.03	33
2012	7	20.59	23	67.65	3	8.82	1	2.94	34
2013	8	22.22	26	72.22	2	5.56	0	0.00	36
2014	7	20.00	23	65.71	5	14.29	0	0.00	35
2015	5	13.51	28	75.68	3	8.11	1	2.70	37
2016	7	16.28	30	69.77	1	2.33	5	11.63	43
2017	4	8.70	38	82.61	2	4.35	2	4.35	46
总计	59	14.53	260	64.04	69	17.00	18	4.43	406

续表

F	批发和零售业								
	A		B		C		D		合计
年份	数目（个）	比例（%）	数目（个）	比例（%）	数目（个）	比例（%）	数目（个）	比例（%）	
2001	2	5.56	13	36.11	17	47.22	4	11.11	36
2002	5	14.29	14	40.00	14	40.00	2	5.71	35
2003	2	5.71	22	62.86	11	31.43	0	0.00	35
2004	1	2.94	19	55.88	14	41.18	0	0.00	34
2005	4	10.53	24	63.16	10	26.32	0	0.00	38
2006	4	11.11	19	52.78	13	36.11	0	0.00	36
2007	4	10.81	22	59.46	10	27.03	1	2.70	37
2008	6	15.38	25	64.10	7	17.95	1	2.56	39
2009	5	12.20	28	68.29	8	19.51	0	0.00	41
2010	5	10.42	34	70.83	9	18.75	0	0.00	48
2011	11	19.30	36	63.16	9	15.79	1	1.75	57
2012	7	12.28	42	73.68	7	12.28	1	1.75	57
2013	9	15.79	40	70.18	7	12.28	1	1.75	57
2014	10	17.54	38	66.67	6	10.53	3	5.26	57
2015	10	17.24	37	63.79	11	18.97	0	0.00	58
2016	8	13.56	40	67.80	10	16.95	1	1.69	59
2017	14	20.29	43	62.32	11	15.94	1	1.45	69
总计	107	13.49	496	62.55	174	21.94	16	2.02	793

G	交通运输、仓储和邮政业								
	A		B		C		D		合计
年份	数目（个）	比例（%）	数目（个）	比例（%）	数目（个）	比例（%）	数目（个）	比例（%）	
2001	2	12.50	6	37.50	7	43.75	1	6.25	16
2002	5	33.33	5	33.33	3	20.00	2	13.33	15
2003	3	20.00	8	53.33	3	20.00	1	6.67	15
2004	2	13.33	10	66.67	3	20.00	0	0.00	15
2005	1	5.88	14	82.35	2	11.76	0	0.00	17
2006	5	31.25	8	50.00	2	12.50	1	6.25	16
2007	3	17.65	7	41.18	6	35.29	1	5.88	17
2008	6	33.33	8	44.44	4	22.22	0	0.00	18
2009	7	36.84	11	57.89	0	0.00	1	5.26	19
2010	6	26.09	13	56.52	3	13.04	1	4.35	23
2011	6	24.00	16	64.00	2	8.00	1	4.00	25
2012	3	11.11	21	77.78	3	11.11	0	0.00	27
2013	7	25.93	18	66.67	2	7.41	0	0.00	27
2014	8	28.57	18	64.29	2	7.14	0	0.00	28
2015	7	25.00	16	57.14	4	14.29	1	3.57	28
2016	11	37.93	15	51.72	3	10.34	0	0.00	29
2017	11	40.74	14	51.85	2	7.41	0	0.00	27
总计	93	25.69	208	57.46	51	14.09	10	2.76	362

H	住宿和餐饮业								
	A		B		C		D		合计
年份	数目（个）	比例（%）	数目（个）	比例（%）	数目（个）	比例（%）	数目（个）	比例（%）	
2001	0	0.00	3	75.00	1	25.00	0	0.00	4
2002	0	0.00	2	40.00	3	60.00	0	0.00	5
2003	0	0.00	4	80.00	1	20.00	0	0.00	5
2004	0	0.00	3	60.00	2	40.00	0	0.00	5
2005	0	0.00	4	80.00	1	20.00	0	0.00	5
2006	0	0.00	2	40.00	3	60.00	0	0.00	5
2007	0	0.00	4	66.67	2	33.33	0	0.00	6
2008	1	16.67	3	50.00	2	33.33	0	0.00	6
2009	1	14.29	6	85.71	0	0.00	0	0.00	7
2010	0	0.00	5	71.43	2	28.57	0	0.00	7
2011	1	14.29	4	57.14	2	28.57	0	0.00	7
2012	1	14.29	2	28.57	4	57.14	0	0.00	7
2013	0	0.00	2	28.57	3	42.86	2	28.57	7
2014	0	0.00	4	57.14	1	14.29	2	28.57	7
2015	0	0.00	4	57.14	1	14.29	2	28.57	7
2016	1	14.29	2	28.57	2	28.57	2	28.57	7
2017	2	33.33	1	16.67	2	33.33	1	16.67	6
总计	7	6.80	55	53.40	32	31.07	9	8.74	103

I	信息传输、软件和信息技术服务业								
	A		B		C		D		合计
年份	数目（个）	比例（%）	数目（个）	比例（%）	数目（个）	比例（%）	数目（个）	比例（%）	
2001	1	5.56	3	16.67	12	66.67	2	11.11	18
2002	0	0.00	8	50.00	8	50.00	0	0.00	16
2003	0	0.00	10	58.82	7	41.18	0	0.00	17
2004	0	0.00	8	50.00	6	37.50	2	12.50	16
2005	2	12.50	8	50.00	6	37.50	0	0.00	16
2006	0	0.00	10	47.62	10	47.62	1	4.76	21
2007	0	0.00	18	62.07	9	31.03	2	6.90	29
2008	4	10.53	21	55.26	12	31.58	1	2.63	38
2009	3	7.32	30	73.17	6	14.63	2	4.88	41
2010	14	16.47	51	60.00	16	18.82	4	4.71	85
2011	21	19.44	78	72.22	7	6.48	2	1.85	108
2012	19	14.18	100	74.63	14	10.45	1	0.75	134
2013	20	14.93	100	74.63	12	8.96	2	1.49	134
2014	24	16.44	104	71.23	14	9.59	4	2.74	146
2015	34	21.38	104	65.41	18	11.32	3	1.89	159
2016	34	18.89	121	67.22	20	11.11	5	2.78	180
2017	36	17.91	130	64.68	31	15.42	4	1.99	201
总计	212	15.60	904	66.52	208	15.31	35	2.58	1359

续表

J	金融业								
	A		B		C		D		合计
年份	数目（个）	比例（%）	数目（个）	比例（%）	数目（个）	比例（%）	数目（个）	比例（%）	
2001	1	7.14	6	42.86	6	42.86	1	7.14	14
2002	0	0.00	7	50.00	7	50.00	0	0.00	14
2003	0	0.00	9	64.29	5	35.71	0	0.00	14
2004	0	0.00	9	64.29	5	35.71	0	0.00	14
2005	1	7.14	9	64.29	4	28.57	0	0.00	14
2006	0	0.00	5	35.71	8	57.14	1	7.14	14
2007	3	20.00	10	66.67	2	13.33	0	0.00	15
2008	3	21.43	10	71.43	1	7.14	0	0.00	14
2009	2	14.29	10	71.43	2	14.29	0	0.00	14
2010	5	31.25	10	62.50	1	6.25	0	0.00	16
2011	8	47.06	8	47.06	1	5.88	0	0.00	17
2012	10	52.63	6	31.58	2	10.53	1	5.26	19
2013	10	52.63	7	36.84	1	5.26	1	5.26	19
2014	9	42.86	10	47.62	1	4.76	1	4.76	21
2015	12	57.14	8	38.10	0	0.00	1	4.76	21
2016	9	37.50	12	50.00	3	12.50	0	0.00	24
2017	9	42.86	12	57.14	0	0.00	0	0.00	21
总计	82	28.77	148	51.93	49	17.19	6	2.11	285

K	房地产业								
	A		B		C		D		合计
年份	数目（个）	比例（%）	数目（个）	比例（%）	数目（个）	比例（%）	数目（个）	比例（%）	
2001	3	6.25	23	47.92	19	39.58	3	6.25	48
2002	7	14.58	19	39.58	20	41.67	2	4.17	48
2003	6	12.77	21	44.68	17	36.17	3	6.38	47
2004	4	8.51	27	57.45	12	25.53	4	8.51	47
2005	5	10.20	22	44.90	15	30.61	7	14.29	49
2006	4	8.33	26	54.17	14	29.17	4	8.33	48
2007	4	7.69	25	48.08	19	36.54	4	7.69	52
2008	5	9.26	27	50.00	19	35.19	3	5.56	54
2009	9	15.52	34	58.62	13	22.41	2	3.45	58
2010	12	20.34	38	64.41	9	15.25	0	0.00	59
2011	14	23.33	36	60.00	10	16.67	0	0.00	60
2012	13	22.81	39	68.42	4	7.02	1	1.75	57
2013	12	20.69	40	68.97	5	8.62	1	1.72	58
2014	15	25.42	38	64.41	5	8.47	1	1.69	59
2015	12	20.00	39	65.00	6	10.00	3	5.00	60
2016	13	22.41	38	65.52	5	8.62	2	3.45	58
2017	10	17.24	36	62.07	10	17.24	2	3.45	58
总计	148	16.09	528	57.39	202	21.96	42	4.57	920

续表

L	租赁和商务服务业								
	A		B		C		D		合计
年份	数目（个）	比例（%）	数目（个）	比例（%）	数目（个）	比例（%）	数目（个）	比例（%）	
2001	0	0.00	2	28.57	5	71.43	0	0.00	7
2002	0	0.00	4	57.14	3	42.86	0	0.00	7
2003	0	0.00	5	71.43	2	28.57	0	0.00	7
2004	0	0.00	4	57.14	3	42.86	0	0.00	7
2005	1	11.11	5	55.56	3	33.33	0	0.00	9
2006	1	11.11	3	33.33	5	55.56	0	0.00	9
2007	0	0.00	6	37.50	10	62.50	0	0.00	16
2008	1	5.88	6	35.29	8	47.06	2	11.76	17
2009	0	0.00	12	70.59	5	29.41	0	0.00	17
2010	2	8.70	17	73.91	4	17.39	0	0.00	23
2011	2	8.33	17	70.83	5	20.83	0	0.00	24
2012	3	11.54	19	73.08	4	15.38	0	0.00	26
2013	5	19.23	14	53.85	7	26.92	0	0.00	26
2014	3	10.34	24	82.76	2	6.90	0	0.00	29
2015	4	13.79	21	72.41	3	10.34	1	3.45	29
2016	6	20.00	17	56.67	6	20.00	1	3.33	30
2017	2	5.71	23	65.71	6	17.14	4	11.43	35
总计	30	9.43	199	62.58	81	25.47	8	2.52	318

M	科学研究和技术服务业								
	A		B		C		D		合计
年份	数目（个）	比例（%）	数目（个）	比例（%）	数目（个）	比例（%）	数目（个）	比例（%）	
2001	0	0.00	0	0.00	2	100.00	0	0.00	2
2002	0	0.00	2	100.00	0	0.00	0	0.00	2
2003	0	0.00	1	50.00	1	50.00	0	0.00	2
2004	0	0.00	1	50.00	1	50.00	0	0.00	2
2005	0	0.00	1	50.00	1	50.00	0	0.00	2
2006	0	0.00	2	100.00	0	0.00	0	0.00	2
2007	0	0.00	3	75.00	1	25.00	0	0.00	4
2008	0	0.00	3	75.00	1	25.00	0	0.00	4
2009	1	25.00	2	50.00	1	25.00	0	0.00	4
2010	2	18.18	9	81.82	0	0.00	0	0.00	11
2011	2	15.38	8	61.54	3	23.08	0	0.00	13
2012	4	28.57	9	64.29	1	7.14	0	0.00	14
2013	5	33.33	9	60.00	0	0.00	1	6.67	15
2014	2	12.50	12	75.00	2	12.50	0	0.00	16
2015	5	26.32	9	47.37	5	26.32	0	0.00	19
2016	4	20.00	13	65.00	3	15.00	0	0.00	20
2017	2	7.14	22	78.57	4	14.29	0	0.00	28
总计	27	16.88	106	66.25	26	16.25	1	0.63	160

续表

N	水利、环境和公共设施管理业								
	A		B		C		D		合计
年份	数目（个）	比例（%）	数目（个）	比例（%）	数目（个）	比例（%）	数目（个）	比例（%）	
2001	1	11.11	4	44.44	2	22.22	2	22.22	9
2002	1	11.11	3	33.33	2	22.22	3	33.33	9
2003	1	11.11	3	33.33	4	44.44	1	11.11	9
2004	1	11.11	4	44.44	3	33.33	1	11.11	9
2005	2	18.18	6	54.55	2	18.18	1	9.09	11
2006	3	25.00	6	50.00	3	25.00	0	0.00	12
2007	2	15.38	7	53.85	4	30.77	0	0.00	13
2008	1	7.69	8	61.54	3	23.08	1	7.69	13
2009	2	15.38	10	76.92	1	7.69	0	0.00	13
2010	3	21.43	5	35.71	6	42.86	0	0.00	14
2011	3	13.04	18	78.26	1	4.35	1	4.35	23
2012	4	16.00	16	64.00	5	20.00	0	0.00	25
2013	5	20.83	17	70.83	2	8.33	0	0.00	24
2014	6	23.08	16	61.54	4	15.38	0	0.00	26
2015	8	29.63	15	55.56	4	14.81	0	0.00	27
2016	8	30.77	17	65.38	1	3.85	0	0.00	26
2017	3	9.68	25	80.65	3	9.68	0	0.00	31
总计	54	18.37	180	61.22	50	17.01	10	3.40	294

P	教育								
	A		B		C		D		合计
年份	数目（个）	比例（%）	数目（个）	比例（%）	数目（个）	比例（%）	数目（个）	比例（%）	
2001	0	0.00	0	0.00	1	100.00	0	0.00	1
2002	0	0.00	0	0.00	1	100.00	0	0.00	1
2003	0	0.00	0	0.00	1	100.00	0	0.00	1
2004	0	0.00	0	0.00	1	100.00	0	0.00	1
2005	0	0.00	0	0.00	0	0.00	1	100.00	1
2006	0	0.00	0	0.00	1	100.00	0	0.00	1
2007	0	0.00	0	0.00	1	100.00	0	0.00	1
2008	0	0.00	0	0.00	0	0.00	1	100.00	1
2009	0	0.00	0	0.00	0	0.00	1	100.00	1
2010	0	0.00	0	0.00	0	0.00	1	100.00	1
2011	0	0.00	1	100.00	0	0.00	0	0.00	1
2012	0	0.00	0	0.00	1	100.00	0	0.00	1
2013	0	0.00	0	0.00	1	100.00	0	0.00	1
2014	0	0.00	0	0.00	1	100.00	0	0.00	1
2015	0	0.00	1	100.00	0	0.00	0	0.00	1
2016	0	0.00	0	0.00	1	100.00	0	0.00	1
2017	0	0.00	1	100.00	0	0.00	0	0.00	1
总计	0	0.00	3	17.65	10	58.82	4	23.53	17

续表

Q	卫生和社会工作								
	A		B		C		D		合计
年份	数目（个）	比例（%）	数目（个）	比例（%）	数目（个）	比例（%）	数目（个）	比例（%）	
2001	1	11.11	4	44.44	4	44.44	0	0.00	9
2002	0	0.00	5	55.56	3	33.33	1	11.11	9
2003	0	0.00	3	33.33	4	44.44	2	22.22	9
2004	0	0.00	3	33.33	5	55.56	1	11.11	9
2005	0	0.00	4	44.44	3	33.33	2	22.22	9
2006	0	0.00	3	30.00	6	60.00	1	10.00	10
2007	0	0.00	4	40.00	5	50.00	1	10.00	10
2008	0	0.00	3	30.00	7	70.00	0	0.00	10
2009	0	0.00	7	70.00	3	30.00	0	0.00	10
2010	0	0.00	13	76.47	4	23.53	0	0.00	17
2011	2	10.53	14	73.68	3	15.79	0	0.00	19
2012	3	13.64	16	72.73	3	13.64	0	0.00	22
2013	4	18.18	17	77.27	1	4.55	0	0.00	22
2014	4	18.18	15	68.18	2	9.09	1	4.55	22
2015	6	22.22	16	59.26	5	18.52	0	0.00	27
2016	3	10.71	25	89.29	0	0.00	0	0.00	28
2017	3	9.09	27	81.82	2	6.06	1	3.03	33
总计	26	9.45	179	65.09	60	21.82	10	3.64	275

S	综合								
	A		B		C		D		合计
年份	数目（个）	比例（%）	数目（个）	比例（%）	数目（个）	比例（%）	数目（个）	比例（%）	
2001	0	0.00	3	25.00	6	50.00	3	25.00	12
2002	0	0.00	5	55.56	3	33.33	1	11.11	9
2003	1	12.50	3	37.50	4	50.00	0	0.00	8
2004	0	0.00	4	57.14	3	42.86	0	0.00	7
2005	0	0.00	6	85.71	1	14.29	0	0.00	7
2006	1	14.29	4	57.14	2	28.57	0	0.00	7
2007	0	0.00	4	57.14	3	42.86	0	0.00	7
2008	0	0.00	4	57.14	3	42.86	0	0.00	7
2009	0	0.00	5	62.50	3	37.50	0	0.00	8
2010	0	0.00	5	71.43	2	28.57	0	0.00	7
2011	0	0.00	5	71.43	2	28.57	0	0.00	7
2012	0	0.00	7	100.00	0	0.00	0	0.00	7
2013	0	0.00	6	85.71	1	14.29	0	0.00	7
2014	1	14.29	6	85.71	0	0.00	0	0.00	7
2015	1	12.50	7	87.50	0	0.00	0	0.00	8
2016	1	14.29	4	57.14	2	28.57	0	0.00	7
2017	1	14.29	3	42.86	2	28.57	1	14.29	7
总计	6	4.65	81	62.79	37	28.68	5	3.88	129

资料来源：根据深圳证券交易所官方网站公布的历年上市公司信息披露考评结果，自行整理而得。

润灵环球 MCTi 2012 版评级指标体系

整体性（M）			
指标主题	序号	具体指标	终端采分点
战略	M1	整体责任战略信息	社会责任战略目标
			社会责任战略达成路径
			重要责任风险与挑战的识别
	M2	可持续发展适应与应对信息	气候变化对企业可持续发展的影响
			社会问题对企业可持续发展的影响
			宏观环境变化对企业可持续发展的影响
	M3	责任战略与企业有效匹配	企业提供的主要产品/业务对社会造成的影响
			企业提供的主要产品/业务对环境造成的影响
	M4	企业高管在战略层面考虑社会责任的信息	企业所有者代表（董事长等）关于社会责任/可持续发展的声明
			企业管理者代表（CEO 等）关于社会责任/可持续发展的声明
	M5	社会责任目标制定与达成信息	企业社会责任长期规划
			企业社会责任短期规划
			规划目标的量化治理
治理	M6	公司基本信息	公司基本信息
			其所在行业的基本信息
			其所在社会及环境背景
	M7	价值观、原则与准则信息	企业社会责任价值观
			企业社会责任行为准则
	M8	社会责任管理机构信息	董事会层面的机构设置
			管理部门层面的机构或人员设置
	M9	决策流程与结构信息	公司对环境、社会、经济事务的管理方法、程序或步骤等信息

续表

整体性（M）

指标主题	序号	具体指标	终端采分点
治理	M10	治理透明度信息	信息披露制度
	M11	风险管理信息	评估及管理一般风险
			评估及管理那些可持续发展密切关联的风险
	M12	商业道德治理信息	与反商业贿赂相关的制度规范
			针对商业贿赂采取的管理措施
	M13	内部实践信息	社会责任的多部门、多层级参与
			推进下属企业履行社会责任的体系及机制
利益相关方	M14	利益相关方界定与识别信息	利益相关方识别
			利益相关方重要程度辨别
	M15	利益相关方沟通信息	利益相关方沟通机制
			利益相关方期望的听取和改善反馈
	M16	利益相关方意见信息	利益相关方评论

内容性（C）

指标主题	序号	具体指标	终端采分点
经济绩效	C1	盈利与回报信息	公司年度收入总额信息
			公司年度利润总额信息
			公司年度待审批分红信息
	C2	同比经济信息	收入总额同比比率
			利润总额同比比率
			分红方案比对
	C3	主要产品或服务信息	产品/服务销量
			产品/服务市场占有率
			产品/服务创新
劳工与人权	C4	雇佣与雇佣关系信息	雇员性别构成
			雇员年龄构成
			雇员总量
			临时雇员数量
			签订正式劳动合同比率

续表

内容性（C）

指标主题	序号	具体指标	终端采分点
劳工与人权	C5	员工职业成长信息	培训时长及人次总量/平均量
			培训课程种类
			培训覆盖员工范围
	C6	职业健康与安全信息	安全生产管理制度
			员工健康管理措施
			劳动安全保护设施
	C7	人权保障信息	同工同酬申明
			杜绝童工申明
			处理员工申诉情况
	C8	工作条件与社会保障信息	员工薪酬水平
			员工假期
			员工除薪酬外的其他福利
			对于特殊员工的关爱
	C9	社会对话与关爱信息	工会或职代会相关信息
			员工工余娱乐活动
			员工家属关爱
			员工满意度调查
	C10	责任教育信息	引入可持续发展知识、以非培训手段推广
			进行可持续发展培训
环境	C11	环境整体管理信息	环境管理体系认证及年度复核
			年度环保投资额
	C12	预防污染信息	排放污染及废物的识别
			测量、记录及报告污染源头
			采取控制污染措施
	C13	可持续资源使用信息	识别能源、水的来源
			测量、记录及报告能源及水的用量
			采取能源、水的节约措施
			寻求取代非可再生能源的可行机会

续表

内容性（C）			
指标主题	序号	具体指标	终端采分点
环境	C14	减缓及适应气候变化信息	识别温室气体排放源头
			测量、记录及报告温室气体排放量
			温室气体减排措施
			避免或减少气候变化的不良影响（如购买碳汇、植树等）
			在生产及业务过程中考虑气候变化
公平经营	C15	反贪污管理信息	防腐政策及做法
			支持员工及供应链伙伴杜绝贪污措施
			稽核和鼓励举报措施
	C16	在势力范围内推广社会责任信息	采购、销售及分包政策中鼓励社会责任
			对相关组织的社会责任认知提升
			调查及检视其社会责任承诺
消费者	C17	推广产品或服务的质量保障信息	质量管理体系阐述及认证
			产品/服务的技术创新
	C18	消费者（客户）管理信息	客户关系管理体系
			客户满意度调查
	C19	保护消费者安全与健康信息	主要产品或服务合格率
			主要产品或服务安全性阐述
			主要产品回收机制
	C20	消费者（客户）服务信息	客户服务便捷性
			客户投诉比率
			纠纷的排除和解决
	C21	保护消费者（客户）数据及隐私	个人信息的管理权限设置
			知晓组织是否存有其个人资料及提出删除申请
	C22	消费者教育信息	对产品本身属性（安全、健康、产品标贴、包装及废置信息）的消费者教育
			对消费者权益的教育

续表

内容性（C）

指标主题	序号	具体指标	终端采分点
社区参与及发展	C23	公益捐赠信息	社会公益捐赠总额
			社会公益捐赠构成情况
	C24	志愿服务信息	员工志愿服务活动
			员工志愿服务绩效（人时/社会贡献额）
	C25	政治参与信息	加入地区及行业组织
			参与政策法规及行业标准制定
	C26	创造就业信息	年度员工招聘量
	C27	科技发展信息	参与科技开发项目
			与大学科研院所的合作
	C28	创造财富和收入信息	社区意见征集
			支持社区企业
	C29	推广健康信息	推广健康意识
			减低产品/服务的健康负面影响
	C30	社会投资信息	投资的环境筛选
			投资的社会及治理筛选

技术性（T）

指标主题	序号	具体指标
内容平衡	T1	完整性
	T2	中肯性
信息可比	T3	一致性
	T4	数据性
报告创新	T5	创新性
	T6	创新有效性
可信度与透明度	T7	利益相关方意见披露程度
	T8	第三方审验程度
	T9	第三方审验机构权威性
	T10	报告阅读意见及建议反馈机制的有效度
规范性	T11	报告政策有效性
	T12	报告标准性
	T13	报告严肃性
可获得及信息传递有效性	T14	报告的语言版本充分程度
	T15	报告的可获得渠道及考虑有特殊需要的人群获取报告的特殊方法
	T16	报告美工设计、排版等对于披露效果的提升程度
	T17	报告数据及信息的图表化、图示化程度

续表

行业分类	
序号	行业名称
1	采掘业
2	传播与文化业
3	电力、煤气及水的生产和供应业
4	电子业
5	房地产业
6	纺织、服装、皮毛制造业
7	机械、设备、仪表制造业
8	建筑业
9	金融、保险业
10	交通运输、仓储业
11	金属、非金属制造业
12	木材、家具制造业
13	农、林、牧、渔业
14	批发、零售贸易业
15	社会服务业
16	石油、化学、塑料、塑胶业
17	食品、饮料业
18	信息技术业
19	医药、生物制品业
20	造纸、印刷业
21	其他制造业
22	综合类

行业特征指标 (i)

1	采掘业
I1	清洁煤技术研发与应用信息
I2	生态环境恢复与治理信息
I3	研发可再生能源或新能源的举措信息
I4	建立防火、防爆管理体系信息
I5	塌陷区预防与治理的制度与措施信息

行业特征指标（i）	
2	**传播与文化产业**
I1	通过媒体推荐可持续发展的措施信息
I2	传播媒介的环境友好性信息
3	**电力、煤气及水的生产和供应产业特征指标**
I1	指明在哪些方面建立了可持续发展政策（如气候变化、社区健康等）信息
I2	灾备保障体系信息
I3	安全事故处理机制信息
I4	确保运输安全的举措信息
I5	环境违规负面信息
4	**电子产业**
I1	重金属排放、回收管理信息
I2	重金属排放、回收量信息
I3	避免土地污染管理信息
I4	固体废弃物、废渣循环利用管理信息
I5	周边生态环境治理信息
5	**房地产行业**
I1	保障性住房开发政策、制度及措施信息
I2	避免土地闲置政策、制度信息
I3	合规拆迁信息
I4	节约土地资源政策、制度及措施信息
I5	绿色房产开发政策、制度及措施信息
I6	绿色建材开发政策、制度及措施信息
I7	绿色建材使用率信息
I8	废弃砖石、原料、土壤等循环利用政策、制度及措施信息
I9	建筑垃圾排放管理信息
I10	建筑垃圾排放量信息
I11	噪音管理的政策、制度及措施信息
I12	光污染管理的政策、制度及措施信息
I13	农民工权益保护信息

续表

行业特征指标（i）	
6	**纺织、服装、皮毛制造业**
I1	关注动物福利信息
I2	危险化学品的仓储、使用管理信息
I3	提供特殊条件作业津贴信息
I4	环保工艺设备的研发与应用信息
I5	低碳面料的研发与使用信息
7	**机械、设备、仪表制造业**
I1	化学危险品管理信息
I2	固体废弃物、废渣循环利用制度、措施信息
I3	产品回收机制信息
I4	包装降耗制度、措施信息
I5	产品设计过程中考虑产品安全因素信息
I6	产品召回机制信息
8	**建筑业**
I1	工程交验合格率信息
I2	建筑企业资质等级信息
I3	工程责任分包信息
I4	农民工权益保护信息
I5	绿色建材使用政策、制度及措施信息
I6	绿色建材使用率信息
I7	提高建筑物能率设计或技术的研发和推广信息
I8	拆建物料循环和再使用政策、制度及措施信息
I9	拆建物料循环和再使用信息
I10	在工程建设中保护自然栖息地、湿地、森林、野生动物廊道、农业用地信息
9	**金融、保险业**
I1	应用于业务活动的具体环境和社会政策信息
I2	在业务中评估与监控环境和社会风险的程序信息
I3	旨在评估环境和社会政策以及风险评估执行情况的审计的覆盖范围和频率信息
I4	金融产品与服务的公平设计和销售的政策信息

续表

行业特征指标（i）	
I5	产品服务信息合规披露与宣传信息
I6	反洗钱机制与绩效信息
10	**交通运输、仓储业**
I1	确保产品与服务的安全性信息
I2	包装降耗举措信息
I3	用于管理环境影响的政策和程序，包括：（1）可持续运输方面的措施（如混合动力汽车）；（2）运输形态转换（将运输形态转换为等量运输情况下能源消耗率较低的大量运输（海运、铁路））；（3）运输路径规划等信息
I4	使用可再生能源和提高能源使用效率的措施信息
I5	噪音管理的政策、制度及措施信息
I6	节能环保交通工具的采购与使用信息
I7	退役交通工具的处理信息
11	**金属、非金属制造业**
I1	化学危险品管理信息
I2	废水循环利用制度、措施信息
I3	废气循环利用制度、措施信息
I4	固体废弃物、废渣循环利用制度、措施信息
I5	余能、余热循环利用制度、措施信息
I6	SO_2 排放量及减排信息
I7	氮氧化物排放量及减排信息
I8	烟粉尘排放量及减排信息
I9	COD 排放量及减排信息
I10	环境保护负面信息
I11	周边生态环境治理信息
I12	在工程建设中保护自然栖息地、湿地、森林、野生动物廊道、农业用地信息
I13	生产噪音治理信息
12	**木材、家具制造业**
I1	减少化学品使用信息
I2	降低甲醛等有害物质挥发信息
I3	环保认证信息

续表

	行业特征指标（i）
I4	林业可持续发展应对信息
I5	可回收原材料采用信息
I6	原材料回收、再利用信息
I7	废料与废弃物的处理机制信息
I8	包装减量化与包装回收再利用信息
13	**农、林、牧、渔业**
I1	确保食品安全制度及措施信息
I2	关注动物福利信息
I3	保护耕地政策、制度及措施信息
I4	家畜粪便、肥料和农药等管理信息
I5	生态农业、多功能农业、再生农业的技术研发与应用信息
I6	支持农业机械化技术、化学与生物技术创新的制度及措施信息
I7	减少农药、化学品使用的制度、措施信息
14	**批发、零售贸易业**
I1	确保公平贸易的制度及措施信息
I2	产品信息披露合规信息
I3	问题产品处理机制信息
I4	仓储物流中的能源节约措施信息
I5	仓储物流中的能源节约量信息
I6	包装减量化与包装回收再利用信息
15	**社会服务业**
I1	确保提供优质服务的制度及措施信息
I2	特殊人员服务信息
I3	确保服务安全与合规举措信息
I4	确保资费透明举措信息
16	**石油、化学、塑料、塑胶业**
I1	化学危险品管理信息
I2	废水循环利用制度、措施信息
I3	废气循环利用制度、措施信息
I4	固体废弃物、废渣循环利用制度、措施信息
I5	余能、余热循环利用制度、措施信息

续表

行业特征指标（i）	
I6	COD 排放量及减排信息
I7	有毒废弃物管理信息
I8	有毒废弃物排放量及减排量信息
I9	重大化学品泄漏事故信息
I10	产品及包装材料回收政策信息
I11	产品及包装材料回收量信息
17	**食品、饮料业**
I1	经由第三方认证符合国际通行食品安全管理体系标准的厂房生产出的产品比例信息
I2	食品安全事故应急机制信息
I3	问题食品处理机制信息
I4	对供应商进行原材料安全卫生控制信息
I5	产品标签、广告宣传合规信息
I6	包装减量化及包装物回收再利用信息
18	**信息技术业**
I1	技术创新机制与成果信息
I2	服务创新机制与成果信息
I3	信息发布和推出充分考虑权益人权益信息
19	**医药、生物制品业**
I1	规范产品信息说明信息
I2	研发管理信息
I3	临床实验管理信息
I4	新药研发数据信息
I5	产品事故应急机制信息
I6	关注社区健康信息
I7	化学危险品管理信息
I8	易挥发有机化合物管理信息
I9	硫化物排放量及减排量信息
I10	易挥发有机物排放量及减排量信息
I11	COD 排放量及减排量信息

行业特征指标（i）	
I12	药品回收机制信息
I13	药品回收量信息
I14	关注动物福利信息
20	**造纸、印刷业**
I1	防水防火措施信息
I2	支持可持续林业的政策、制度及举措信息
I3	化学危险品管理信息
I4	废水循环利用制度、措施信息
I5	固体废弃物、废渣循环利用制度、措施信息

　　资料来源：《A 股上市公司社会责任报告蓝皮书》，润灵环球责任评级于 2012 年 10 月 25 日发布。

附录3

和讯网社会责任评测指标体系

一级	二级	三级
股东责任（A） 权重：30%	盈利（Aa） 10%	净资产收益率 2%
		总资产收益率 2%
		主营业务利润率 2%
		成本费用利润率 1%
		每股收益 2%
		每股未分配利润 1%
	偿债（Ab） 3%	速动比率 0.5%
		流动比率 0.5%
		现金比率 0.5%
		股东权益比率 0.5%
		资产负债率 1%
	回报（Ac） 8%	分红融资比 2%
		股息率 3%
		分红占可分配利润比 3%
	信批（Ad） 5%	交易所对公司和相关责任人 处罚次数 5%
	创新（Ae） 4%	产品开发支出 1%
		技术创新理念 1%
		技术创新项目数 2%
员工责任（B） 权重：15% （消费行业此项权重为10%）	绩效（Ba） 5%（4%）	职工人均收入 4%（3%）
		员工培训 1%（1%）
	安全（Bb） 5%（3%）	安全检查 2%（1%）
		安全培训 3%（2%）
	关爱员工（Bc） 5%（3%）	慰问意识 1%（1%）
		慰问人 2%（1%）
		慰问金 2%（1%）

续表

一级	二级	三级
供应商、客户和 消费者权益责任（C） 权重：15% （消费行业此项权重为20%）	产品质量（Ca） 7%（9%）	质量管理意识 3%（5%）
		质量管理体系证书 4%（4%）
	售后服务（Cb） 3%（4%）	客户满意度调查 3%（4%）
	诚信互惠（Cc） 5%（7%）	供应商公平竞争 3%（4%）
		反商业贿赂培训 2%（3%）
环境责任（D） 权重：20% [制造业此项权重为30%] {服务业此项权重为10%}	环境治理（Dd） 20%	环保意识 2%[4%]{2%}
		环境管理体系认证 3%[5%]{2%}
		环保投入金额 5%[7%]{2%}
		排污种类数 5%[7%]{2%}
		节约能源种类数 5%[7%]{2%}
社会责任（E） 权重：20% [制造业此项权重为10%] {服务业此项权重为30%}	贡献价值（Ee） 20%	所得税占利润总额比 10%[5%]{15%}
		公益捐赠金额 10%[5%]{15%}

注：（ ）为消费行业权重，[ ]为制造业权重，{ }为服务业权重调整。

资料来源：和讯股票，《和讯网上市公司社会责任报告专业评测体系发布》，http：//stock. hexun. com/2013 - 09 - 10/157898839. html。

上证责任指数（000048.SH）成分股变动

日期	代码	简称	状态	日期	代码	简称	状态
2009 – 08 – 05	600000	浦发银行	纳入	2009 – 08 – 05	600188	兖州煤业	纳入
2009 – 08 – 05	600004	白云机场	纳入	2009 – 08 – 05	600195	中牧股份	纳入
2009 – 08 – 05	600016	民生银行	纳入	2009 – 08 – 05	600196	复星医药	纳入
2009 – 08 – 05	600019	宝钢股份	纳入	2009 – 08 – 05	600219	南山铝业	纳入
2009 – 08 – 05	600022	山东钢铁	纳入	2009 – 08 – 05	600246	万通地产	纳入
2009 – 08 – 05	600026	中远海能	纳入	2009 – 08 – 05	600261	阳光照明	纳入
2009 – 08 – 05	600030	中信证券	纳入	2009 – 08 – 05	600263	路桥建设	纳入
2009 – 08 – 05	600031	三一重工	纳入	2009 – 08 – 05	600267	海正药业	纳入
2009 – 08 – 05	600033	福建高速	纳入	2009 – 08 – 05	600269	赣粤高速	纳入
2009 – 08 – 05	600036	招商银行	纳入	2009 – 08 – 05	600270	外运发展	纳入
2009 – 08 – 05	600050	中国联通	纳入	2009 – 08 – 05	600271	航天信息	纳入
2009 – 08 – 05	600056	中国医药	纳入	2009 – 08 – 05	600303	曙光股份	纳入
2009 – 08 – 05	600058	五矿发展	纳入	2009 – 08 – 05	600308	华泰股份	纳入
2009 – 08 – 05	600060	海信电器	纳入	2009 – 08 – 05	600309	万华化学	纳入
2009 – 08 – 05	600062	华润双鹤	纳入	2009 – 08 – 05	600317	营口港	纳入
2009 – 08 – 05	600066	宇通客车	纳入	2009 – 08 – 05	600325	华发股份	纳入
2009 – 08 – 05	600068	葛洲坝	纳入	2009 – 08 – 05	600332	白云山	纳入
2009 – 08 – 05	600085	同仁堂	纳入	2009 – 08 – 05	600337	美克家居	纳入
2009 – 08 – 05	600100	同方股份	纳入	2009 – 08 – 05	600351	亚宝药业	纳入
2009 – 08 – 05	600102	莱钢股份	纳入	2009 – 08 – 05	600352	浙江龙盛	纳入
2009 – 08 – 05	600111	北方稀土	纳入	2009 – 08 – 05	600362	江西铜业	纳入
2009 – 08 – 05	600118	中国卫星	纳入	2009 – 08 – 05	600383	金地集团	纳入
2009 – 08 – 05	600123	兰花科创	纳入	2009 – 08 – 05	600389	江山股份	纳入
2009 – 08 – 05	600138	中青旅	纳入	2009 – 08 – 05	600396	金山股份	纳入
2009 – 08 – 05	600153	建发股份	纳入	2009 – 08 – 05	600428	中远海特	纳入
2009 – 08 – 05	600166	福田汽车	纳入	2009 – 08 – 05	600432	退市吉恩	纳入
2009 – 08 – 05	600170	上海建工	纳入	2009 – 08 – 05	600439	瑞贝卡	纳入
2009 – 08 – 05	600177	雅戈尔	纳入	2009 – 08 – 05	600456	宝钛股份	纳入

续表

日期	代码	简称	状态	日期	代码	简称	状态
2009 - 08 - 05	600495	晋西车轴	纳入	2009 - 08 - 05	600970	中材国际	纳入
2009 - 08 - 05	600496	精工钢构	纳入	2009 - 08 - 05	600973	宝胜股份	纳入
2009 - 08 - 05	600497	驰宏锌锗	纳入	2009 - 08 - 05	600997	开滦股份	纳入
2009 - 08 - 05	600498	烽火通信	纳入	2009 - 08 - 05	601088	中国神华	纳入
2009 - 08 - 05	600499	科达洁能	纳入	2009 - 08 - 05	601166	兴业银行	纳入
2009 - 08 - 05	600500	中化国际	纳入	2009 - 08 - 05	601186	中国铁建	纳入
2009 - 08 - 05	600511	国药股份	纳入	2009 - 08 - 05	601318	中国平安	纳入
2009 - 08 - 05	600528	中铁工业	纳入	2009 - 08 - 05	601328	交通银行	纳入
2009 - 08 - 05	600531	豫光金铅	纳入	2009 - 08 - 05	601390	中国中铁	纳入
2009 - 08 - 05	600535	天士力	纳入	2009 - 08 - 05	601699	潞安环能	纳入
2009 - 08 - 05	600549	厦门钨业	纳入	2009 - 08 - 05	601857	中国石油	纳入
2009 - 08 - 05	600550	保变电气	纳入	2009 - 08 - 05	601898	中煤能源	纳入
2009 - 08 - 05	600557	康缘药业	纳入	2009 - 08 - 05	601919	中远海控	纳入
2009 - 08 - 05	600580	卧龙电气	纳入	2010 - 07 - 01	600019	宝钢股份	剔除
2009 - 08 - 05	600588	用友网络	纳入	2010 - 07 - 01	600022	山东钢铁	剔除
2009 - 08 - 05	600595	中孚实业	纳入	2010 - 07 - 01	600048	保利地产	纳入
2009 - 08 - 05	600596	新安股份	纳入	2010 - 07 - 01	600104	上汽集团	纳入
2009 - 08 - 05	600600	青岛啤酒	纳入	2010 - 07 - 01	600266	北京城建	纳入
2009 - 08 - 05	600611	大众交通	纳入	2010 - 07 - 01	600270	外运发展	剔除
2009 - 08 - 05	600616	金枫酒业	纳入	2010 - 07 - 01	600389	江山股份	剔除
2009 - 08 - 05	600685	中船防务	纳入	2010 - 07 - 01	600428	中远海特	剔除
2009 - 08 - 05	600690	青岛海尔	纳入	2010 - 07 - 01	600432	退市吉恩	剔除
2009 - 08 - 05	600717	天津港	纳入	2010 - 07 - 01	600456	宝钛股份	剔除
2009 - 08 - 05	600718	东软集团	纳入	2010 - 07 - 01	600469	风神股份	纳入
2009 - 08 - 05	600750	江中药业	纳入	2010 - 07 - 01	600508	上海能源	纳入
2009 - 08 - 05	600755	厦门国贸	纳入	2010 - 07 - 01	600525	长园集团	纳入
2009 - 08 - 05	600761	安徽合力	纳入	2010 - 07 - 01	600561	江西长运	纳入
2009 - 08 - 05	600835	上海机电	纳入	2010 - 07 - 01	600582	天地科技	纳入
2009 - 08 - 05	600839	四川长虹	纳入	2010 - 07 - 01	600858	银座股份	纳入
2009 - 08 - 05	600879	航天电子	纳入	2010 - 07 - 01	600962	国投中鲁	剔除
2009 - 08 - 05	600962	国投中鲁	纳入	2010 - 07 - 01	600993	马应龙	纳入

续表

日期	代码	简称	状态	日期	代码	简称	状态
2010 - 07 - 01	601898	中煤能源	剔除	2012 - 07 - 02	600439	瑞贝卡	剔除
2010 - 07 - 01	601919	中远海控	剔除	2012 - 07 - 02	600550	保变电气	剔除
2011 - 07 - 01	600033	福建高速	剔除	2012 - 07 - 02	600557	康缘药业	剔除
2011 - 07 - 01	600111	北方稀土	剔除	2012 - 07 - 02	600580	卧龙电气	剔除
2011 - 07 - 01	600176	中国巨石	纳入	2012 - 07 - 02	600616	金枫酒业	剔除
2011 - 07 - 01	600219	南山铝业	剔除	2012 - 07 - 02	600619	海立股份	纳入
2011 - 07 - 01	600308	华泰股份	剔除	2012 - 07 - 02	600739	辽宁成大	纳入
2011 - 07 - 01	600317	营口港	剔除	2012 - 07 - 02	600886	国投电力	纳入
2011 - 07 - 01	600323	瀚蓝环境	纳入	2012 - 07 - 02	601169	北京银行	纳入
2011 - 07 - 01	600351	亚宝药业	剔除	2012 - 07 - 02	601601	中国太保	纳入
2011 - 07 - 01	600352	浙江龙盛	剔除	2012 - 07 - 02	601668	中国建筑	纳入
2011 - 07 - 01	600376	首开股份	纳入	2013 - 07 - 01	600004	白云机场	剔除
2011 - 07 - 01	600418	江淮汽车	纳入	2013 - 07 - 01	600030	中信证券	剔除
2011 - 07 - 01	600458	时代新材	纳入	2013 - 07 - 01	600058	五矿发展	剔除
2011 - 07 - 01	600495	晋西车轴	剔除	2013 - 07 - 01	600246	万通地产	剔除
2011 - 07 - 01	600502	安徽水利	纳入	2013 - 07 - 01	600262	北方股份	纳入
2011 - 07 - 01	600561	江西长运	剔除	2013 - 07 - 01	600323	瀚蓝环境	剔除
2011 - 07 - 01	600596	新安股份	剔除	2013 - 07 - 01	600422	昆药集团	纳入
2011 - 07 - 01	600829	人民同泰	纳入	2013 - 07 - 01	600458	时代新材	剔除
2011 - 07 - 01	600875	东方电气	纳入	2013 - 07 - 01	600525	长园集团	剔除
2011 - 07 - 01	601101	昊华能源	纳入	2013 - 07 - 01	600578	京能电力	纳入
2011 - 07 - 01	601607	上海医药	纳入	2013 - 07 - 01	600595	中孚实业	剔除
2012 - 02 - 28	600102	莱钢股份	剔除	2013 - 07 - 01	600611	大众交通	剔除
2012 - 03 - 01	600263	路桥建设	剔除	2013 - 07 - 01	600704	物产中大	纳入
2012 - 07 - 02	600026	中远海能	剔除	2013 - 07 - 01	600741	华域汽车	纳入
2012 - 07 - 02	600029	南方航空	纳入	2013 - 07 - 01	600973	宝胜股份	剔除
2012 - 07 - 02	600064	南京高科	纳入	2013 - 07 - 01	600987	航民股份	纳入
2012 - 07 - 02	600067	冠城大通	纳入	2013 - 07 - 01	601009	南京银行	纳入
2012 - 07 - 02	600118	中国卫星	剔除	2013 - 07 - 01	601222	林洋能源	纳入
2012 - 07 - 02	600269	赣粤高速	剔除	2013 - 07 - 01	601800	中国交建	纳入
2012 - 07 - 02	600284	浦东建设	纳入	2013 - 07 - 01	601877	正泰电器	纳入

续表

日期	代码	简称	状态	日期	代码	简称	状态
2014 – 06 – 16	600004	白云机场	纳入	2015 – 06 – 15	600658	电子城	纳入
2014 – 06 – 16	600031	三一重工	剔除	2015 – 06 – 15	600663	陆家嘴	纳入
2014 – 06 – 16	600261	阳光照明	剔除	2015 – 06 – 15	600829	人民同泰	剔除
2014 – 06 – 16	600303	曙光股份	剔除	2015 – 06 – 15	600879	航天电子	剔除
2014 – 06 – 16	600310	桂东电力	纳入	2015 – 06 – 15	601058	赛轮轮胎	纳入
2014 – 06 – 16	600335	国机汽车	纳入	2015 – 06 – 15	601169	北京银行	剔除
2014 – 06 – 16	600389	江山股份	纳入	2015 – 06 – 15	601318	中国平安	剔除
2014 – 06 – 16	600420	现代制药	纳入	2015 – 06 – 15	601628	中国人寿	纳入
2014 – 06 – 16	600499	科达洁能	剔除	2015 – 06 – 15	601669	中国电建	纳入
2014 – 06 – 16	600500	中化国际	剔除	2015 – 06 – 15	601808	中海油服	纳入
2014 – 06 – 16	600531	豫光金铅	剔除	2015 – 06 – 15	603555	贵人鸟	纳入
2014 – 06 – 16	600561	江西长运	纳入	2016 – 06 – 13	600030	中信证券	剔除
2014 – 06 – 16	600578	京能电力	剔除	2016 – 06 – 13	600109	国金证券	纳入
2014 – 06 – 16	600597	光明乳业	纳入	2016 – 06 – 13	600262	北方股份	剔除
2014 – 06 – 16	600739	辽宁成大	剔除	2016 – 06 – 13	600373	中文传媒	纳入
2014 – 06 – 16	600839	四川长虹	剔除	2016 – 06 – 13	600389	江山股份	剔除
2014 – 06 – 16	600845	宝信软件	纳入	2016 – 06 – 13	600496	精工钢构	剔除
2014 – 06 – 16	601336	新华保险	纳入	2016 – 06 – 13	600528	中铁工业	剔除
2014 – 06 – 16	601857	中国石油	剔除	2016 – 06 – 13	600549	厦门钨业	剔除
2014 – 06 – 16	603000	人民网	纳入	2016 – 06 – 13	600748	上实发展	纳入
2015 – 06 – 15	600029	南方航空	剔除	2016 – 06 – 13	600894	广日股份	纳入
2015 – 06 – 15	600030	中信证券	纳入	2016 – 06 – 13	600997	开滦股份	剔除
2015 – 06 – 15	600166	福田汽车	剔除	2016 – 06 – 13	600999	招商证券	纳入
2015 – 06 – 15	600420	现代制药	剔除	2016 – 06 – 13	601101	昊华能源	剔除
2015 – 06 – 15	600469	风神股份	剔除	2016 – 06 – 13	601318	中国平安	纳入
2015 – 06 – 15	600483	福能股份	纳入	2016 – 06 – 13	601555	东吴证券	纳入
2015 – 06 – 15	600508	上海能源	剔除	2016 – 06 – 13	601998	中信银行	纳入
2015 – 06 – 15	600548	深高速	纳入	2016 – 06 – 13	603000	人民网	剔除
2015 – 06 – 15	600619	海立股份	剔除	2016 – 06 – 13	603555	贵人鸟	剔除

资料来源：根据上证社会责任指数历史成分股调整情况自行整理而得。

附录5

深证责任指数（399341. SZ）成分股变动

日期	代码	简称	状态	日期	代码	简称	状态
2009 – 08 – 03	000001	平安银行	纳入	2009 – 08 – 03	000623	吉林敖东	纳入
2009 – 08 – 03	000002	万科 A	纳入	2009 – 08 – 03	000630	铜陵有色	纳入
2009 – 08 – 03	000006	深振业 A	纳入	2009 – 08 – 03	000635	英力特	纳入
2009 – 08 – 03	000009	中国宝安	纳入	2009 – 08 – 03	000651	格力电器	纳入
2009 – 08 – 03	000012	南玻 A	纳入	2009 – 08 – 03	000652	泰达股份	纳入
2009 – 08 – 03	000026	飞亚达 A	纳入	2009 – 08 – 03	000655	*ST 金岭	纳入
2009 – 08 – 03	000027	深圳能源	纳入	2009 – 08 – 03	000680	山推股份	纳入
2009 – 08 – 03	000028	国药一致	纳入	2009 – 08 – 03	000686	东北证券	纳入
2009 – 08 – 03	000039	中集集团	纳入	2009 – 08 – 03	000690	宝新能源	纳入
2009 – 08 – 03	000060	中金岭南	纳入	2009 – 08 – 03	000709	河钢股份	纳入
2009 – 08 – 03	000063	中兴通讯	纳入	2009 – 08 – 03	000726	鲁泰 A	纳入
2009 – 08 – 03	000069	华侨城 A	纳入	2009 – 08 – 03	000728	国元证券	纳入
2009 – 08 – 03	000157	中联重科	纳入	2009 – 08 – 03	000758	中色股份	纳入
2009 – 08 – 03	000338	潍柴动力	纳入	2009 – 08 – 03	000778	新兴铸管	纳入
2009 – 08 – 03	000400	许继电气	纳入	2009 – 08 – 03	000783	长江证券	纳入
2009 – 08 – 03	000422	*ST 宜化	纳入	2009 – 08 – 03	000792	盐湖股份	纳入
2009 – 08 – 03	000423	东阿阿胶	纳入	2009 – 08 – 03	000800	一汽轿车	纳入
2009 – 08 – 03	000488	晨鸣纸业	纳入	2009 – 08 – 03	000807	云铝股份	纳入
2009 – 08 – 03	000516	国际医学	纳入	2009 – 08 – 03	000819	岳阳兴长	纳入
2009 – 08 – 03	000520	长航凤凰	纳入	2009 – 08 – 03	000822	山东海化	纳入
2009 – 08 – 03	000522	白云山 A	纳入	2009 – 08 – 03	000858	五粮液	纳入
2009 – 08 – 03	000527	美的电器	纳入	2009 – 08 – 03	000869	张裕 A	纳入
2009 – 08 – 03	000528	柳工	纳入	2009 – 08 – 03	000876	新希望	纳入
2009 – 08 – 03	000538	云南白药	纳入	2009 – 08 – 03	000881	中广核技	纳入
2009 – 08 – 03	000541	佛山照明	纳入	2009 – 08 – 03	000895	双汇发展	纳入
2009 – 08 – 03	000562	宏源证券	纳入	2009 – 08 – 03	000898	鞍钢股份	纳入
2009 – 08 – 03	000563	陕国投 A	纳入	2009 – 08 – 03	000900	现代投资	纳入
2009 – 08 – 03	000568	泸州老窖	纳入	2009 – 08 – 03	000912	*ST 天化	纳入
2009 – 08 – 03	000581	威孚高科	纳入	2009 – 08 – 03	000930	中粮生化	纳入
2009 – 08 – 03	000612	焦作万方	纳入	2009 – 08 – 03	000932	华菱钢铁	纳入

续表

日期	代码	简称	状态	日期	代码	简称	状态
2009 – 08 – 03	000933	神火股份	纳入	2009 – 08 – 03	002236	大华股份	纳入
2009 – 08 – 03	000937	冀中能源	纳入	2009 – 08 – 03	002237	恒邦股份	纳入
2009 – 08 – 03	000952	广济药业	纳入	2009 – 08 – 03	002244	滨江集团	纳入
2009 – 08 – 03	000968	蓝焰控股	纳入	2009 – 08 – 03	002249	大洋电机	纳入
2009 – 08 – 03	000969	安泰科技	纳入	2009 – 08 – 03	002262	恩华药业	纳入
2009 – 08 – 03	000983	西山煤电	纳入	2009 – 08 – 03	002269	美邦服饰	纳入
2009 – 08 – 03	002001	新和成	纳入	2009 – 08 – 03	002272	川润股份	纳入
2009 – 08 – 03	002003	伟星股份	纳入	2010 – 07 – 01	000401	冀东水泥	纳入
2009 – 08 – 03	002008	大族激光	纳入	2010 – 07 – 01	000520	长航凤凰	剔除
2009 – 08 – 03	002014	永新股份	纳入	2010 – 07 – 01	000536	华映科技	纳入
2009 – 08 – 03	002019	亿帆医药	纳入	2010 – 07 – 01	000671	阳光城	纳入
2009 – 08 – 03	002029	七匹狼	纳入	2010 – 07 – 01	000753	漳州发展	纳入
2009 – 08 – 03	002033	丽江旅游	纳入	2010 – 07 – 01	000797	中国武夷	纳入
2009 – 08 – 03	002039	黔源电力	纳入	2010 – 07 – 01	000822	山东海化	剔除
2009 – 08 – 03	002045	国光电器	纳入	2010 – 07 – 01	000861	海印股份	纳入
2009 – 08 – 03	002048	宁波华翔	纳入	2010 – 07 – 01	000999	华润三九	纳入
2009 – 08 – 03	002054	德美化工	纳入	2010 – 07 – 01	002007	华兰生物	纳入
2009 – 08 – 03	002062	宏润建设	纳入	2010 – 07 – 01	002014	永新股份	剔除
2009 – 08 – 03	002063	远光软件	纳入	2010 – 07 – 01	002019	亿帆医药	剔除
2009 – 08 – 03	002080	中材科技	纳入	2010 – 07 – 01	002022	科华生物	纳入
2009 – 08 – 03	002081	金螳螂	纳入	2010 – 07 – 01	002024	苏宁易购	纳入
2009 – 08 – 03	002084	海鸥住工	纳入	2010 – 07 – 01	002033	丽江旅游	剔除
2009 – 08 – 03	002093	国脉科技	纳入	2010 – 07 – 01	002035	华帝股份	纳入
2009 – 08 – 03	002122	*ST天马	纳入	2010 – 07 – 01	002039	黔源电力	剔除
2009 – 08 – 03	002152	广电运通	纳入	2010 – 07 – 01	002045	国光电器	剔除
2009 – 08 – 03	002153	石基信息	纳入	2010 – 07 – 01	002048	宁波华翔	剔除
2009 – 08 – 03	002154	报喜鸟	纳入	2010 – 07 – 01	002054	德美化工	剔除
2009 – 08 – 03	002161	远望谷	纳入	2010 – 07 – 01	002063	远光软件	剔除
2009 – 08 – 03	002170	芭田股份	纳入	2010 – 07 – 01	002078	太阳纸业	纳入
2009 – 08 – 03	002173	创新医疗	纳入	2010 – 07 – 01	002081	金螳螂	剔除
2009 – 08 – 03	002202	金风科技	纳入	2010 – 07 – 01	002098	浔兴股份	纳入
2009 – 08 – 03	002203	海亮股份	纳入	2010 – 07 – 01	002121	科陆电子	纳入
2009 – 08 – 03	002230	科大讯飞	纳入	2010 – 07 – 01	002128	露天煤业	纳入

续表

日期	代码	简称	状态	日期	代码	简称	状态
2010－07－01	002133	广宇集团	纳入	2011－07－01	000625	长安汽车	纳入
2010－07－01	002152	广电运通	剔除	2011－07－01	000718	苏宁环球	纳入
2010－07－01	002154	报喜鸟	剔除	2011－07－01	000728	国元证券	剔除
2010－07－01	002165	红宝丽	纳入	2011－07－01	000729	燕京啤酒	纳入
2010－07－01	002170	芭田股份	剔除	2011－07－01	000829	天音控股	纳入
2010－07－01	002173	创新医疗	剔除	2011－07－01	000895	双汇发展	剔除
2010－07－01	002216	三全食品	纳入	2011－07－01	000912	*ST 天化	剔除
2010－07－01	002236	大华股份	剔除	2011－07－01	000932	华菱钢铁	剔除
2010－07－01	002237	恒邦股份	剔除	2011－07－01	000952	广济药业	剔除
2010－07－01	002272	川润股份	剔除	2011－07－01	002035	华帝股份	剔除
2011－07－01	000425	徐工机械	纳入	2011－07－01	002042	华孚时尚	纳入
2011－07－01	000550	江铃汽车	纳入	2011－07－01	002063	远光软件	纳入
2011－07－01	000581	威孚高科	剔除	2011－07－01	002069	獐子岛	纳入
2011－07－01	000625	长安汽车	纳入	2011－07－01	002078	太阳纸业	剔除
2010－07－01	002063	远光软件	剔除	2011－07－01	002161	远望谷	剔除
2010－07－01	002078	太阳纸业	纳入	2011－07－01	002202	金风科技	剔除
2010－07－01	002081	金螳螂	剔除	2011－07－01	002419	天虹股份	纳入
2010－07－01	002098	浔兴股份	纳入	2012－07－02	000488	晨鸣纸业	剔除
2010－07－01	002121	科陆电子	纳入	2012－07－02	000540	中天金融	纳入
2010－07－01	002128	露天煤业	纳入	2012－07－02	000671	阳光城	剔除
2010－07－01	002133	广宇集团	纳入	2012－07－02	000686	东北证券	剔除
2010－07－01	002152	广电运通	剔除	2012－07－02	000690	宝新能源	剔除
2010－07－01	002154	报喜鸟	剔除	2012－07－02	000780	平庄能源	纳入
2010－07－01	002165	红宝丽	纳入	2012－07－02	000783	长江证券	剔除
2010－07－01	002170	芭田股份	剔除	2012－07－02	000807	云铝股份	剔除
2010－07－01	002173	创新医疗	剔除	2012－07－02	000877	天山股份	纳入
2010－07－01	002216	三全食品	纳入	2012－07－02	000878	云南铜业	纳入
2010－07－01	002236	大华股份	剔除	2012－07－02	000895	双汇发展	纳入
2010－07－01	002237	恒邦股份	剔除	2012－07－02	000898	鞍钢股份	剔除
2010－07－01	002272	川润股份	剔除	2012－07－02	000970	中科三环	纳入
2011－07－01	000425	徐工机械	纳入	2012－07－02	002006	精功科技	纳入
2011－07－01	000550	江铃汽车	纳入	2012－07－02	002022	科华生物	剔除
2011－07－01	000581	威孚高科	剔除	2012－07－02	002035	华帝股份	纳入

续表

日期	代码	简称	状态	日期	代码	简称	状态
2012 – 07 – 02	002081	金螳螂	纳入	2015 – 07 – 01	000969	安泰科技	剔除
2012 – 07 – 02	002133	广宇集团	剔除	2015 – 07 – 01	002035	华帝股份	剔除
2012 – 07 – 02	002262	恩华药业	剔除	2015 – 07 – 01	002042	华孚时尚	剔除
2012 – 07 – 02	002304	洋河股份	纳入	2015 – 07 – 01	002128	露天煤业	剔除
2013 – 04 – 26	000522	白云山 A	剔除	2015 – 07 – 01	002174	游族网络	纳入
2013 – 09 – 18	000333	美的集团	纳入	2015 – 07 – 01	002269	美邦服饰	剔除
2013 – 09 – 18	000527	美的电器	剔除	2015 – 07 – 01	002375	亚厦股份	纳入
2014 – 07 – 01	000156	华数传媒	纳入	2015 – 07 – 01	002385	大北农	纳入
2014 – 07 – 01	000559	万向钱潮	纳入	2015 – 07 – 01	002475	立讯精密	纳入
2014 – 07 – 01	000612	焦作万方	剔除	2015 – 07 – 01	002508	老板电器	纳入
2014 – 07 – 01	000623	吉林敖东	剔除	2015 – 07 – 01	002544	杰赛科技	纳入
2014 – 07 – 01	000652	泰达股份	剔除	2015 – 07 – 01	300017	网宿科技	纳入
2014 – 07 – 01	000690	宝新能源	纳入	2016 – 07 – 01	000401	冀东水泥	剔除
2014 – 07 – 01	000709	河钢股份	剔除	2016 – 07 – 01	000680	山推股份	剔除
2014 – 07 – 01	000780	平庄能源	剔除	2016 – 07 – 01	000686	东北证券	纳入
2014 – 07 – 01	000968	蓝焰控股	剔除	2016 – 07 – 01	000712	锦龙股份	纳入
2014 – 07 – 01	002069	獐子岛	剔除	2016 – 07 – 01	000881	中广核技	剔除
2014 – 07 – 01	002122	*ST 天马	剔除	2016 – 07 – 01	000900	现代投资	剔除
2014 – 07 – 01	002216	三全食品	剔除	2016 – 07 – 01	000930	中粮生化	剔除
2014 – 07 – 01	002230	科大讯飞	剔除	2016 – 07 – 01	000933	神火股份	剔除
2014 – 07 – 01	002241	歌尔股份	纳入	2016 – 07 – 01	002029	七匹狼	剔除
2014 – 07 – 01	002271	东方雨虹	纳入	2016 – 07 – 01	002035	华帝股份	纳入
2014 – 07 – 01	002344	海宁皮城	纳入	2016 – 07 – 01	002039	黔源电力	纳入
2014 – 07 – 01	002415	海康威视	纳入	2016 – 07 – 01	002093	国脉科技	剔除
2014 – 07 – 01	300015	爱尔眼科	纳入	2016 – 07 – 01	002179	中航光电	纳入
2015 – 01 – 26	000166	申万宏源	纳入	2016 – 07 – 01	002203	海亮股份	剔除
2015 – 01 – 26	000562	宏源证券	剔除	2016 – 07 – 01	002244	滨江集团	剔除
2015 – 07 – 01	000422	*ST 宜化	剔除	2016 – 07 – 01	002372	伟星新材	纳入
2015 – 07 – 01	000671	阳光城	纳入	2016 – 07 – 01	002595	豪迈科技	纳入
2015 – 07 – 01	000672	上峰水泥	纳入	2016 – 07 – 01	002717	岭南股份	纳入
2015 – 07 – 01	000877	天山股份	剔除	2016 – 07 – 01	002786	银宝山新	纳入
2015 – 07 – 01	000961	中南建设	纳入	2016 – 07 – 01	300168	万达信息	纳入

资料来源：根据深证社会责任指数历史成分股调整情况自行整理而得。

参 考 文 献

［1］ Aboody, D. , Hughes, J. , Liu, J. , "Earnings Quality, Insider Trading, and Cost of Capital", *Journal of Accounting Research*, Vol. 43 No. 5, 2005, pp. 651 – 673.

［2］ Abreu, D. , Brunnermeier, M. K. , "Bubbles and Crashes", *Econometrica*, Vol. 71 No. 1, 2003, pp. 173 – 204.

［3］ Alldredge, D. M. , Cicero, D. C. , "Attentive insider trading", *Journal of Financial Economics*, Vol. 115 No. 1, 2015, pp. 84 – 101.

［4］ An, H. and Zhang, T. , "Stock price synchronicity, crash risk and institutional investors", *Journal of Corporate Finance*, Vol. 21, 2013, pp. 1 – 15.

［5］ Aupperle, K. E. , Carroll, A. B. , Hatfield, J. D. , "An Empirical Examination of the Relationship between Corporate Social Responsibility and Profitability", *Academy of Management Journal*, Vol. 28 No. 2, 1985, pp. 446 – 463.

［6］ Baker, M. , Wurgler, J. , "Investor Sentiment and the Cross – Section of Stock Returns", *Journal of Finance*, Vol. 61 No. 4, 2006, pp. 1645 – 1680.

［7］ Benmelech, E. , Kandel, E. , Veronesi, P. , "Stock – based Compensation and Ceo (dis) incentives", *Quarterly Journal of Economics*, Vol. 125 No. 4, 2010, pp. 1769 – 1820.

［8］ Bleck, A. , Liu, X. , "Market transparency and the accounting regime", *Journal of Accounting Research* Vol. 45, 2007, pp. 229 – 256.

［9］ Brown, G. W. , Cliff, M. T. , "Investor sentiment and the near – term stock market", *Journal of Empirical Finance*, Vol. 11 No. 1, 2004, pp. 1 – 27.

［10］ Callen, J. L. and X. Fang. , "Institutional investor stability and crash risk: Monitoring versus short – termism?", *Journal of Banking & Finance*,

Vol. 37 No. 8, 2013, pp. 3047 – 3063.

[11] Callen, J. L. and X. Fang., "Religion and Stock Price Crash Risk", *Journal of Financial and Quantitative Analysis*, Vol. 50 No. 1 – 2, 2015, pp. 169 – 195.

[12] Cao, H. H., Coval, J. D., Hirshleifer, D., "Sidelined Investors, Trading – Generated News, and Security Returns", *Review of Financial Studies*, Vol. 15 No. 2, 2002, pp. 615 – 648.

[13] Cao, H., Ou – Yang, H., "Differences of opinion of public information, Herd behaviour, bubbles and crashes", *Economic Journal*, Vol. 105, 2009, pp. 881 – 896.

[14] Caplin, A., Leahy, J., "Business as usual, market crashes, and wisdom after the fact", *American Economic Review*, Vol. 84 No. 3, 1994, pp. 584 – 665.

[15] Carhart, M. M., "On Persistence in Mutual Fund Performance", *Journal of Finance*, Vol. 52 No. 1, 1997, pp. 57 – 82.

[16] Chen, J., Hong, H., Stein, J. C., "Forecasting crashes: trading volume, past returns, and conditional skewness in stock prices", *Journal of Financial Economics*, Vol. 61 No. 3, 2001, pp. 345 – 381.

[17] Cohen, L., Frazzini, A., "Economic Links and Predictable Returns", *Journal of Finance*, Vol. 63 No. 4, 2008, pp. 1977 – 2011.

[18] Cutler, D. M., J. M. Poterba, and L. H. Summers., "What moves stock prices?", *Journal of Portfolio Management*, Vol. 15, 1989, pp. 4 – 12.

[19] Dechow, P., Sloan, R., and Sweeney, A., "Detecting earnings management", *Accounting Review*, Vol. 70, 1995, pp. 2 – 42.

[20] Defond, M. L., Hung, M., Li, S., et al. "Does Mandatory IFRS Adoption Affect Crash Risk?", *Accounting Review*, Vol. 90 No. 1, 2015, pp. 265 – 299.

[21] Derwall, J., Koedijk, K., Horst, J. T., "A tale of values – driven and profit – seeking social investors", *Journal of Banking and Finance*, Vol. 35 No. 8, 2011, pp. 2137 – 2147.

［22］ Duffee, "Stock Returns and volatility: A firm – level analysis", *Journal of Financial Economics*, Vol. 37, 1995, pp. 399 – 420.

［23］ Durnev, A., Morck, R., Yeung, B., Zarowin, P., "Does greater firm – specific return variation mean more or less informed stock pricing?", *Journal of Accounting Research*, Vol. 41, 2003, pp. 797 – 836.

［24］ Dyck, A., Volchkova, N., Zingales, L., "The Corporate Governance Role of the Media: Evidence from Russia", *Journal of Finance*, Vol. 63 No. 3, 2008, pp. 1093 – 1135.

［25］ Fama, E. F., French, K. R., "The Cross – Section of Expected Stock Returns", *Journal of Finance*, Vol. 47 No. 2, 1992, pp. 427 – 465.

［26］ Fama, E. F., French, K. R., "A five – factor asset pricing model", *Journal of Financial Economics*, Vol. 116 No. 1, 2015, pp. 1 – 22.

［27］ Fang, L., Peress, J., "Media Coverage and the Cross – section of Stock Returns", *Journal of Finance*, Vol. 64 No. 5, 2009, pp. 2023 – 2052.

［28］ Ferreira, M. A., Laux, P. A., "Corporate Governance, Idiosyncratic Risk, and Information Flow", *Journal of Finance*, Vol. 62 No. 2, 2007, pp. 951 – 989.

［29］ Finnerty, J. E., "Insiders and Market Efficiency", *Journal of Finance*, Vol. 31 No. 4, 1976, pp. 1141 – 1148.

［30］ French, K. R., Roll, R., "Stock return variances: The arrival of information and the reaction of traders", *Journal of Financial Economics*, Vol. 17, 1986, pp. 5 – 26.

［31］ Gennotte, G., Leland, H., "Market Liquidity, Hedging, and Crashes", *American Economic Review*, Vol. 80 No. 5, 1990, pp. 999 – 1021.

［32］ Hollyer, J. R., Rosendorff, B. P. and Vreeland, J. R., "Transparency, Protest and Autocratic Instability", *American Political Science Review*, Vol. 109 No. 4, 2015, pp. 764 – 784.

［33］ Hong, H., Stein, J. C., "Differences of Opinion, Short – Sales Constraints, and Market Crashes", *Review of Financial Studies*, Vo. 16 No. 2, 2003, pp. 487 – 525.

[34] Hutton, A. P., Marcus, A. J., Tehranian, H., "Opaque financial reports, R2, and crash risk", *Journal of Financial Economics*, Vol. 94 No. 1, 2009, pp. 67 –86.

[35] Jaffe, J. F., "Special Information And Insider Trading", *Journal of Business*, Vol. 47 No. 3, 1974, pp. 410 –428.

[36] Jensen, M. C., Meckling, W. H., "Theory of the Firm: Managerial Behavior, Agency Costs and Ownership Structure", *Journal of Financial Economics*, Vol. 3, 1976, pp. 305 –360.

[37] Jin, L., Myers, C. S., "R – Squared Around the World: New Theory and New Tests", *Journal of Financial Economics*, Vol. 79, 2006, pp. 257 – 292.

[38] Jones, J., "Earnings management during import relief investigations", *Journal of Accounting Research*, Vol. 29, 1995, pp. 193 –228.

[39] Kelly, M., "Correlation: stock answer", *Risk*, Vol. 7, 1994, pp. 40 –43.

[40] Kim, J., Li, Y., Zhang, L., "Corporate tax avoidance and stock price crash risk: Firm – level analysis", *Journal of Financial Economics*, Vol. 100, 2011, pp. 639 –662.

[41] Kim, J., Li, Y., Zhang, L., "CFOs versus CEOs: Equity incentives and crashes", *Journal of Financial Economics*, Vol. 101, 2011, pp. 713 – 730.

[42] Kim, Y., H. Li and S. Li., "Corporate social responsibility and stock price crash risk", *Journal of Banking & Finance*, Vol. 43, 2014, pp. 1 –13.

[43] Kothari, S. P., Shu, S., Wysocki, P. D., "Do managers withhold bad news?" *Journal of Accounting Research*, Vol. 47, 2009, pp. 241 –276.

[44] Lee., "Market Crashes and Informational Avalanches", *Review of Economic Studies*, Vol. 65, 1998, pp. 741 –759.

[45] Leland, H. E., "Insider Trading: Should It Be Prohibited?", *Journal of Political Economy*, Vol. 100 No. 4, 1992, pp. 859 –887.

[46] Marin, J. M., Olivier, J. P., "The Dog That Did Not Bark: Insider

Trading and Crashes", *Journal of Finance*, Vol. 63 No. 5, 2008, pp. 2429 – 2476.

[47] Mcnichols, M. F,, Stubben, S. R., "The effect of target – firm accounting quality on valuation in acquisitions", *Review of Accounting Studies*, Vol. 20, No. 1, 2015, pp. 110 – 140.

[48] Menzly, L., Ozbas, O., "Market Segmentation and Cross – predictability of Returns", *Journal of Finance*, Vol. 65 No. 4, 2010, pp. 1555 – 1580.

[49] Morck, R., Yeung, B., Yu, W., "The information content of stock markets: why do emerging markets have synchronous stock price movements?", *Journal of Financial Economics*, Vol. 58, 2000, pp. 215 – 260.

[50] Nagar, V., Nanda, D., Wysocki, P., "Discretionary disclosure and stock – based incentives", *Journal of Accounting & Economics*, Vol. 34 No. 1 – 3, 2003, pp. 283 – 309.

[51] Petrovits, C. M., "Corporate – sponsored foundations and earnings management", *Journal of Accounting & Economics*, Vol. 41, No. 3, 2006, pp. 335 – 362.

[52] Piotroski, J. D., Wong, T. J., Zhang, T., "Political Incentives to Suppress Negative Financial Information: Evidence from State – Controlled Chinese Firms", *Journal of Accounting Research*, Vol. 53, No. 2, 2014, pp. 405 – 459.

[53] Rhodes – Kropf, M., Viswanathan, S., Robinson, D. T., "Valuation Waves and Merger Waves: The Empirical Evidence", *Journal of Financial Economics*, Vol. 77 No. 3, 2005, pp. 561 – 603.

[54] Roll, R., "R^2", *Journal of Finance*, Vol. 43, 1998, pp. 541 – 566.

[55] Romer, D., "Rational asset – price movements without news", *American Economic Review*, Vol. 83, 1993, pp. 1112 – 1130.

[56] Sawicki, J., Shrestha, K., "Insider Trading and Earnings Management", *Journal of Business Finance & Accounting*, Vol. 35 No. 3 – 4, 2010, pp. 331 – 346.

[57] Scheinkman, J., W. Xiong, "Overconfidence and Speculative Bubbles", *Journal of Political Economy*, Vol. 111, 2003, pp. 1183 – 1219.

［58］Simon, H. A. , *Designing organizations for an information rich world*, Baltimore, Maryland: The Johns Hopkins University Press, 1971, pp. 37 – 72.

［59］Yuan, K. , "Asymmetric Price Movements and Borrowing Constraints", *Journal of Finance*, Vol. 60 No. 1, 2005, pp. 379 – 411.

［60］陈国进、张贻军:《异质信念、卖空限制与我国股市的暴跌现象研究》,载于《金融研究》2009 年第 4 期。

［61］陈国进、张贻军、刘淳:《机构投资者是股市暴涨暴跌的助推器吗?——来自上海 A 股市场的经验证据》,载于《金融研究》2010 年第 11 期。

［62］董红晔:《财务背景独立董事的地理邻近性与股价崩盘风险》,载于《山西财经大学学报》2016 年第 3 期。

［63］方军雄:《我国上市公司信息披露透明度与证券分析师预测》,载于《金融研究》2007 年第 6 期。

［64］高利芳、曲晓辉、张多蕾:《企业社会责任报告与会计信息质量——基于深市上市公司的实证研究》,载于《财经论丛》(浙江财经大学学报)2011 年第 3 期。

［65］高勇强、陈亚静、张云均:《"红领巾"还是"绿领巾":民营企业慈善捐赠动机研究》,载于《管理世界》2012 年第 8 期。

［66］顾小龙、李天钰、辛宇:《现金股利、控制权结构与股价崩溃风险》,载于《金融研究》2015 年第 7 期。

［67］胡国柳、宛晴:《董事高管责任保险能否抑制股价崩盘风险——基于中国 A 股上市公司的经验数据》,载于《财经理论与实践》2015 年第 6 期。

［68］黄俊、郭照蕊:《新闻媒体报道与资本市场定价效率——基于股价同步性的分析》,载于《管理世界》2014 年第 5 期。

［69］黄新建、赵伟:《媒体关注是否降低了股价崩盘风险——来自中国股票市场的经验证据》,载于《财会月刊》2015 年第 11 期。

［70］蒋德权、姚振晔、陈冬华:《财务总监地位与企业股价崩盘风险》,载于《管理世界》2018 年第 3 期。

［71］江婕、王正位:《系统性市场风险度量指标的测算与评价》,载

于《中山大学学报》（社会科学版）2015 年第 6 期。

[72] 江轩宇：《税收征管、税收激进与股价崩盘风险》，载于《南开管理评论》2013 年第 5 期。

[73] 江轩宇、许年行：《企业过度投资与股价崩盘风险》，载于《金融研究》2015 年第 8 期。

[74] 江轩宇、伊志宏：《审计行业专长与股价崩盘风险》，载于《中国会计评论》2013 年第 2 期。

[75] 金智：《新会计准则、会计信息质量与股价同步性》，载于《会计研究》2010 年第 7 期。

[76] 李小荣、刘行：《CEO vs. CFO：性别与股价崩盘风险》，载于《世界经济》2012 年第 12 期。

[77] 李小荣、张瑞君、董红晔：《债务诉讼与股价崩盘风险》，载于《中国会计评论》2014 年第 2 期。

[78] 罗进辉、杜兴强：《媒体报道、制度环境与股价崩盘风险》，载于《会计研究》2014 年第 9 期。

[79] 李正、向锐：《中国企业社会责任信息披露的内容界定、计量方法和现状研究》，载于《会计研究》2007 年第 7 期。

[80] 罗进辉、罗劲博、王笑竹：《政治联系与股价崩盘风险》，载于《当代会计评论》2014 年第 2 期。

[81] 孟庆斌、侯德帅、汪叔夜：《融券卖空与股价崩盘风险——基于中国股票市场的经验证据》，载于《管理世界》2018 年第 4 期。

[82] 潘越、戴亦一、林超群：《信息不透明、分析师关注与个股暴跌风险》，载于《金融研究》2011 年第 9 期。

[83] 彭情、郑宇新：《CFO 兼任董秘降低了股价崩盘风险吗——基于信息沟通与风险规避的视角》，载于《山西财经大学学报》2018 年第 4 期。

[84] 权小锋、吴世农、尹洪英：《企业社会责任与股价崩盘风险："价值利器"或"自利工具"?》，载于《经济研究》2015 年第 11 期。

[85] 权小锋、肖红军：《社会责任披露对股价崩盘风险的影响研究：基于会计稳健性的中介机理》，载于《中国软科学》2016 年第 6 期。

[86] 权小锋，尹洪英：《风险投资持股对股价崩盘风险的影响研究》，

载于《科研管理》2017 年第 12 期。

[87] 唐斯圆、李丹：《普通投资者关注度与股价崩盘风险——基于自媒体的研究》，载于《投资研究》2018 年第 4 期。

[88] 陶春华、杨思静、林晚发：《公司治理、企业社会责任与股价崩盘风险》，载于《湘潭大学学报》（哲学社会科学版）2015 年第 6 期。

[89] 陶洪亮、申宇：《股价暴跌、投资者认知与信息透明度》，载于《投资研究》2011 年第 10 期。

[90] 田利辉、王可第：《社会责任信息披露的"掩饰效应"和上市公司崩盘风险——来自中国股票市场的 DID – PSM 分析》，载于《管理世界》2017 年第 11 期。

[91] 田昆儒、孙瑜：《非效率投资、审计监督与股价崩盘风险》，载于《审计与经济研究》2015 年第 2 期。

[92] 王超恩、张瑞君：《内部控制、大股东掏空与股价崩盘风险》，载于《山西财经大学学报》2015 年第 10 期。

[93] 王化成、曹丰、叶康涛：《监督还是掏空：大股东持股比例与股价崩盘风险》，载于《管理世界》2015 年第 2 期。

[94] 王亚平、刘慧龙、吴联生：《信息透明度、机构投资者与股价同步性》，载于《金融研究》2009 年第 12 期。

[95] 温忠麟、张雷、侯杰泰、刘红云：《中介效应检验程序及其应用》，载于《心理学报》2004 年第 5 期。

[96] 伍燕然、潘可、胡松明、江婕：《行业分析师盈利预测偏差的新解释》，载于《经济研究》2012 年第 4 期。

[97] 伍燕然、江婕、谢楠、王凯：《公司治理、信息披露、投资者情绪与分析师盈利预测偏差》，载于《世界经济》2016 年第 2 期。

[98] 吴战篪、李晓龙：《内部人抛售、信息环境与股价崩盘》，载于《会计研究》2015 年第 6 期。

[99] 肖浩、夏新平、邹斌：《信息性交易概率与股价同步性》，载于《管理科学》2011 年第 4 期。

[100] 熊家财：《审计行业专长与股价崩盘风险——基于信息不对称与异质信念视角的检验》，载于《审计与经济研究》2015 年第 6 期。

[101] 许年行、江轩宇、伊志宏、徐信忠:《分析师利益冲突、乐观偏差与股价崩盘风险》,载于《经济研究》2012年第7期。

[102] 许年行、于上尧、伊志宏:《机构投资者羊群行为与股价崩盘风险》,载于《管理世界》2013年第7期。

[103] 阳秋林:《构建中国社会责任会计报告的新框架》,载于《财会研究》2005年第6期。

[104] 袁知柱、鞠晓峰:《中国上市公司会计信息质量与股价信息含量关系实证检验》,载于《中国管理科学》2008年第s1期。

[105] 曾庆生:《公司内部人具有交易时机的选择能力吗?——来自中国上市公司内部人卖出股票的证据》,载于《金融研究》2008年第10期。

[106] 曾庆生:《高管及其亲属买卖公司股票时"浑水摸鱼"了?——基于信息透明度对内部人交易信息含量的影响研究》,载于《财经研究》2014年第12期。

[107] 曾亚敏、张俊生:《上市公司高管违规短线交易行为研究》,载于《金融研究》2009年第11期。

[108] 曾颖、陆正飞:《信息披露质量与股权融资成本》,载于《经济研究》2006年第2期。

[109] 张俊生、曾亚敏:《上市公司内部人亲属股票交易行为研究》,载于《金融研究》2011年第3期。

[110] 张宗新、杨飞、袁庆海:《上市公司信息披露质量提升能否改进公司绩效?——基于2002~2005年深市上市公司的经验证据》,载于《会计研究》2007年第10期。

[111] 赵静、黄敬昌、刘峰:《高铁开通与股价崩盘风险》,载于《管理世界》2018年第1期。

[112] 周冬华、赖升东:《上市公司现金流操控行为会加剧股价崩盘风险吗?》,载于《山西财经大学学报》2016年第2期。

[113] 朱茶芬、陈超、李志文:《信息优势、波动风险与大股东的选择性减持行为》,载于《浙江大学学报》(人文社会科学版)2010年第2期。

[114] 朱茶芬、姚铮、李志文:《高管交易能预测未来股票收益吗?》,载于《管理世界》2011 年第 9 期。

[115] 朱红军、何贤杰、陶林:《中国的证券分析师能够提高资本市场的效率吗? ——基于股价同步性和股价信息含量的经验证据》,载于《金融研究》2007 年第 2 期。

[116] 朱松:《企业社会责任、市场评价与盈余信息含量》,载于《会计研究》2011 年第 11 期。

后　记

　　金融市场的异常波动、资产价格泡沫的破灭、实体经济遭遇的周期性回落，是引起广泛关注的话题。探究金融市场波动背后的原因和机理，是一项既有趣又有利的智力挑战。早在读博期间，在导师宋逢明教授的指导下，我就萌发了对资本市场、风险管理领域的研究兴趣，并完成了我的博士论文《中国股票市场波动性特性与结构转换的实证研究》。宋老师治学严谨，富有洞察力，不仅推崇逻辑严谨、组织严密的金融理论研究，更有对完善中国资本市场的无限热忱和身体力行，试图将金融领域的真知灼见带给更广泛的受众。衷心感谢宋老师多年来的悉心教导和关怀！在清华大学读书期间所接受的学术训练和理念熏陶，使我每每遇到挫折时，仍能再次鼓起勇气和信心。

　　博士毕业后，我来到北京师范大学经济与工商管理学院工作，从事金融学的教学、科研工作。北师大经管学院的学术研究环境包容多元，在此我得到了领导、同事的诸多鞭策、激励和帮助。感谢李翀教授、胡海峰教授、贺力平教授，与他们的交流如沐春风、启迪智慧。他们永不停止探索真理的追求，也激励着我不断前行，一直独立思考、一直认真谨慎。感谢现在和曾经的同事伍燕然教授、胡松明副教授、王正位助理教授，与他们的频繁讨论和合作使我受益匪浅，更拓展了我在资本市场、资产定价和风险管理领域的研究深度。

　　感谢我在北师大经管学院金融系遇到的学生们。近年来，我的学生杨晓辉、张柏龄、郭一鸣、张许稷、龚新宇等不同程度地参与了此项研究工作。这些青年学子思维活跃、富有激情、不囿陈规，与他们的交流激发了我的学术灵感。

　　本书的出版得到了教育部人文社会科学青年基金"信息透明度与股价

崩盘风险"项目的资助，同时也得到了北京市重点培育学科"世界经济"建设项目的资助。

最后，特别感谢我的家人。先生何鸣翔、儿子何其朔给予了我无限的关爱和理解、默默的帮助和支持。如果没有他们，本书难以顺利完成。

当然，由于笔者能力有限，书中不足在所难免，文责自负。敬请各位前辈、同仁不吝赐教，欢迎读者批评指正。

江 婕

2019 年 3 月

图书在版编目（CIP）数据

信息披露、内部人交易与股价崩盘风险/江婕著.
—北京：经济科学出版社，2019.5
（京师经管人文与商业伦理系列丛书）
ISBN 978 - 7 - 5218 - 0496 - 6

Ⅰ.①信…　Ⅱ.①江…　Ⅲ.①股票投资 - 投资风险 -
研究 - 中国　Ⅳ.①F832.51

中国版本图书馆 CIP 数据核字（2019）第 073020 号

责任编辑：赵　蕾
责任校对：王苗苗
责任印制：李　鹏

信息披露、内部人交易与股价崩盘风险
江婕　著
经济科学出版社出版、发行　新华书店经销
社址：北京市海淀区阜成路甲 28 号　邮编：100142
总编部电话：010 - 88191217　发行部电话：010 - 88191540
网址：www. esp. com. cn
电子邮件：esp@ esp. com. cn
天猫网店：经济科学出版社旗舰店
网址：http://jjkxcbs. tmall. com
北京季蜂印刷有限公司印装
710 × 1000　16 开　13.75 印张　220000 字
2019 年 5 月第 1 版　2019 年 5 月第 1 次印刷
ISBN 978 - 7 - 5218 - 0496 - 6　定价：48.00 元
（图书出现印装问题，本社负责调换。电话：010 - 88191510）
（版权所有　侵权必究　打击盗版　举报热线：010 - 88191661
QQ：2242791300　营销中心电话：010 - 88191537
电子邮箱：dbts@ esp. com. cn）